일단은 점수부터!

토익:적중
비법노트
PART 5·6

최진혁 지음

교육 R&D에 앞서가는
Key 키출판사

머리말

"어찌 됐든 점수라도 따게 해주자."

토익 점수가 응시자의 영어 실력을 정확하게 평가할 수 없다는 비판, 영어가 불필요한 직군에도 일괄적으로 토익 점수를 요구한다는 비판 등 토익의 유용성과 효율성 측면에서 오랫동안 다양한 논의가 이루어져 왔습니다. 그렇지만 채용·대입을 비롯하여 사회 곳곳에서 여전히 토익 점수를 활용하고 있습니다. 취준생들이 갖춰야 할 수많은 스펙 중에 토익은 기본 중 기본이라고 합니다. 점수가 낮든, 높든 거의 모든 취준생이 토익 점수 하나쯤은 가지고 있으며, 오늘도 수많은 수험생이 토익이라는 벽 앞에서 고군분투하고 있습니다.

물론 영어의 A부터 Z까지 완벽하게 마스터하면 좋은 점수를 받을 수 있을 겁니다. 하지만 제가 만난 수강생 중 그렇게 긴 시간을 토익에 투자할 만한 경제적·시간적 여유가 있는 사람은 거의 없었습니다. 토익은 단기간에 끝내야 하고, 또 그렇게 할 수 있는 시험입니다. 저는 수강생들이 단기간에 필요한 성적을 받을 수 있도록 전문 연구팀과 함께 매회 토익 출제 경향을 철저하게 분석하였고, 시험을 관통하는 풀이 전략을 개발했습니다.

제 수업에 깊이 있는 문법 설명은 없습니다. 대신 확실한 성적 향상이 있습니다. 영어 점수에 수없이 좌절한 후 제 수업을 찾아온 수강생들의 절실한 눈빛 앞에서 정직하게 노력하며 개발한 저만의 토익 풀이 비법을 이 책에 녹여냈습니다. 저를 믿고 따라와 준 수강생들은 토익의 벽을 넘는 기쁨을 경험했습니다. 이 책을 공부하는 여러분도 저를 믿고 따라와 주신다면 토익으로 인해 더 좌절하지 않게 되실 겁니다.

영어를 꼭 잘할 필요가 없는데도 오직 점수를 따고자 억지로 토익을 공부하는 학생들. 자기 전문 분야에 대해서는 성실하게 준비해 왔지만, 토익 성적 때문에 번번이 발목 잡히는 학생들. 제대로 된 영어 실력을 쌓는 것은 사치로 여겨질 정도로 당면한 토익 점수 제한에 좌절하는 수험생들. 저는 그런 학생들에게 '어떻게든 점수는 따게 해주겠다'고 약속합니다. 독자 여러분들께도 같은 약속을 합니다. 토익은 저에게 맡기고, 여러분들은 마음껏 꿈을 이루기 위한 노력에 열정을 다하십시오.

이 교재가 단순한 토익책이 아니라 여러분의 꿈에 한 발짝 가까이 다가서게 하는 희망이 되기를 바라며, 진심 어린 응원을 보냅니다.

저자 최진혁

이 책의 구성

필수 개념 익히기

- 가장 기초가 되는 핵심 문법 사항을 정리해 두었습니다. 이해하기 쉬운 간결한 설명과 토익 대표 예문을 통해 기초 문법을 수월하게 학습합니다.

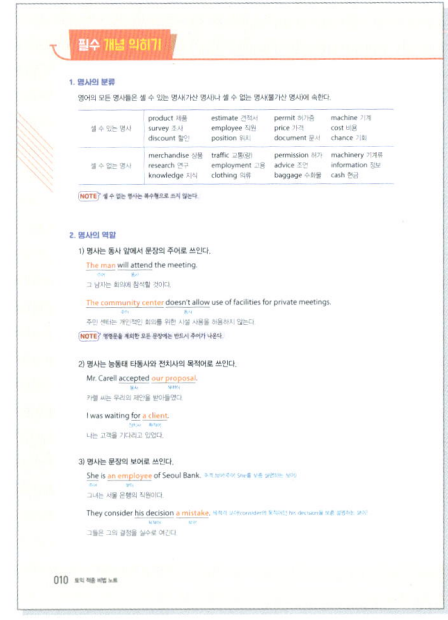

출제 핵심 패턴 익히기

- 문법 사항을 토익 출제 경향에 맞춰 풀이 패턴으로 정리했습니다.
- 토익에 실제로 출제되는 문법 패턴을 익히고 예제에 적용합니다.

저자의 오랜 강의 경험을 바탕으로 분석한 학생들이 많이 어려워하고 궁금해 하는 부분에 명쾌한 답변을 만날 수 있습니다.

단계별 설명을 따라서 출제 패턴을 실전 문제에 적용하는 방법을 연습합니다.

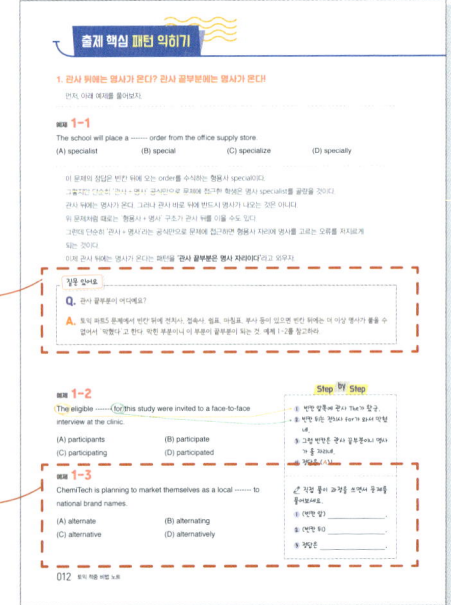

이것만은 꼭!

- 배운 문법과 관련하여 문제 풀이에 도움이 되는 어휘 표현을 배웁니다.

한눈에 복습

- 배운 내용을 간략하게 훑어볼 수 있게 도식화했습니다. 내가 놓친 부분은 없는지 다시 한번 점검합니다.

실전 감각 익히기

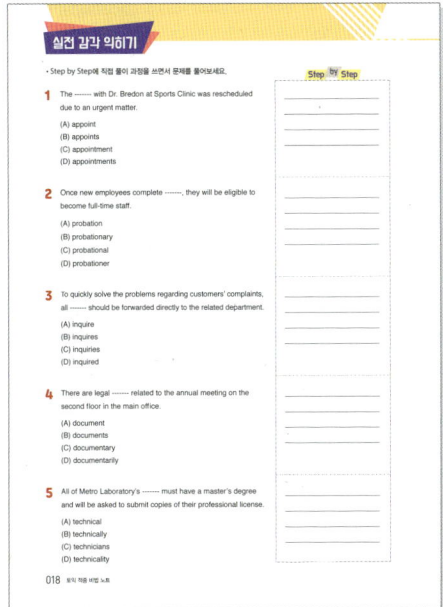

- 한 문제를 풀더라도 실전다운 문제를 풀어야 합니다. 실전에 대비할 수 있는 엄선된 문제만을 담았습니다.
- 풀이 과정까지 정리하여 정답과 오답의 원인을 파악합니다.

스터디 플랜

1. 나는 점수가 급해서 숨이 넘어간다 `10일 완성`

당장 점수가 너무너무 급한 학생이라면 다른 코너는 건너뛰고 '출제 핵심 패턴 익히기'와 '실전 감각 익히기'만 공부하라. 패턴만 제대로 학습하면 해석이 안 되는 문제도 정답이 보이는 놀라운 체험을 하게 될 것이고, 하루에 Chapter 하나씩 10일이면 무리 없이 이 책을 끝낼 수 있다.

Day 1	Day 2	Day 3	Day 4	Day 5
Chapter 1 출제 핵심 패턴 익히기 실전 감각 익히기	Chapter 2 출제 핵심 패턴 익히기 실전 감각 익히기	Chapter 3 출제 핵심 패턴 익히기 실전 감각 익히기	Chapter 4 출제 핵심 패턴 익히기 실전 감각 익히기	Chapter 5 출제 핵심 패턴 익히기 실전 감각 익히기
Day 6	**Day 7**	**Day 8**	**Day 9**	**Day 10**
Chapter 6 출제 핵심 패턴 익히기 실전 감각 익히기	Chapter 7 출제 핵심 패턴 익히기 실전 감각 익히기	Chapter 8 출제 핵심 패턴 익히기 실전 감각 익히기	Chapter 9 출제 핵심 패턴 익히기 실전 감각 익히기	Chapter 10 Actual Test

2. 나는 제대로 완성하고 싶다 `19일 완성`

토익이 정말 처음인 입문자, 한 번에 제대로 마스터하고자 하는 학습자에게 추천하는 학습 일정이다. 이 책은 필수 개념 익히기부터 차근차근 학습해도, 주말에 쉬면서 공부해도 한 달을 넘기지 않고 끝낼 수 있도록 가뿐하게 구성했다.

Day 1	Day 2	Day 3	Day 4	Day 5
Chapter 1 필수 개념 익히기 출제 핵심 패턴 익히기	Chapter 1 이것만은 꼭! 한눈에 복습 실전 감각 익히기	Chapter 2 필수 개념 익히기 출제 핵심 패턴 익히기	Chapter 2 이것만은 꼭! 한눈에 복습 실전 감각 익히기	Chapter 3 필수 개념 익히기 출제 핵심 패턴 익히기
Day 6	**Day 7**	**Day 8**	**Day 9**	**Day 10**
Chapter 3 이것만은 꼭! 한눈에 복습 실전 감각 익히기	Chapter 4 필수 개념 익히기 출제 핵심 패턴 익히기	Chapter 4 이것만은 꼭! 한눈에 복습 실전 감각 익히기	Chapter 5 필수 개념 익히기 출제 핵심 패턴 익히기	Chapter 5 이것만은 꼭! 한눈에 복습 실전 감각 익히기
Day 11	**Day 12**	**Day 13**	**Day 14**	**Day 15**
Chapter 6 필수 개념 익히기 출제 핵심 패턴 익히기	Chapter 6 이것만은 꼭! 한눈에 복습 실전 감각 익히기	Chapter 7 필수 개념 익히기 출제 핵심 패턴 익히기	Chapter 7 이것만은 꼭! 한눈에 복습 실전 감각 익히기	Chapter 8 필수 개념 익히기 출제 핵심 패턴 익히기
Day 16	**Day 17**	**Day 18**	**Day 19**	
Chapter 8 이것만은 꼭! 한눈에 복습 실전 감각 익히기	Chapter 9 필수 개념 익히기 출제 핵심 패턴 익히기	Chapter 9 이것만은 꼭! 한눈에 복습 실전 감각 익히기	Chapter 10 Actual Test	

목차

Chapter 1 명사	8
Chapter 2 대명사	20
Chapter 3 형용사	32
Chapter 4 부사	44
Chapter 5 비교 구문	56
Chapter 6 동사&준동사	66
Chapter 7 전치사	86
Chapter 8 접속사(1)	98
Chapter 9 접속사(2)	110
Chapter 10 Actual Test	124

Chapter 1 명사

학습 목표

명사 문제는 매달 시험에 3문제 이상 나오는 단골 출제 문제이다.
명사 자리 파악은 형용사 자리 파악에도 도움이 되기에, 빠른 시간에 점수를 올리기 위해서는 명사 문법 문제 풀이 원칙을 반드시 잡고 가야 한다.
Chapter 1의 목표는 기본적인 명사 문법, 토익에 나오는 명사 문제의 패턴, 그리고 답 고르기 스킬을 익히는 것이다.

바탕 다지기

명사는 사람, 동물, 사물, 물질, 개념을 비롯해 이 세상에 존재하는 모든 것에 붙는 **이름**이다.

사물 desk   사람 man   개념 love

동물 dog   물질 water

필수 개념 익히기

1. 명사의 분류

영어의 모든 명사들은 셀 수 있는 명사(가산 명사)나 셀 수 없는 명사(불가산 명사)에 속한다.

셀 수 있는 명사	product 제품 survey 조사 discount 할인	estimate 견적서 employee 직원 position 위치	permit 허가증 price 가격 document 문서	machine 기계 cost 비용 chance 기회
셀 수 없는 명사	merchandise 상품 research 연구 knowledge 지식	traffic 교통(량) employment 고용 clothing 의류	permission 허가 advice 조언 baggage 수화물	machinery 기계류 information 정보 cash 현금

NOTE 셀 수 없는 명사는 복수형으로 쓰지 않는다.

2. 명사의 역할

1) 명사는 동사 앞에서 문장의 주어로 쓰인다.

<u>The man</u> <u>will attend</u> the meeting.
　주어　　　동사

그 남자는 회의에 참석할 것이다.

<u>The community center</u> <u>doesn't allow</u> use of facilities for private meetings.
　　　주어　　　　　　　　동사

주민 센터는 개인적인 회의를 위한 시설 사용을 허용하지 않는다.

NOTE 명령문을 제외한 모든 문장에는 반드시 주어가 나온다.

2) 명사는 능동태 타동사와 전치사의 목적어로 쓰인다.

Mr. Carell <u>accepted</u> <u>our proposal</u>.
　　　　　　동사　　　목적어

카렐 씨는 우리의 제안을 받아들였다.

I was waiting <u>for</u> <u>a client</u>.
　　　　　　전치사　목적어

나는 고객을 기다리고 있었다.

3) 명사는 문장의 보어로 쓰인다.

<u>She</u> is <u>an employee</u> of Seoul Bank. 주격 보어(주어 She를 보충 설명하는 보어)
주어　　　보어

그녀는 서울 은행의 직원이다.

They consider <u>his decision</u> <u>a mistake</u>. 목적격 보어(consider의 목적어인 his decision을 보충 설명하는 보어)
　　　　　　　목적어　　　보어

그들은 그의 결정을 실수로 여긴다.

2. 명사의 위치

1) 관사 뒤에는 명사가 온다.

관사는 단독으로 사용하지 않고, 명사 앞에서 그 명사가 특정한 것인지, 불특정한 것인지, 하나인지 한정해준다. 관사의 종류로는 부정관사(a/an)와 정관사(the)가 있다.

> **NOTE** 부정관사(a/an)는 셀 수 없는 명사와 함께 쓰지 않는다.

The **school** will place an **order** from the **office supply store**.
관사 명사 　　　관사 명사 　　관사 명사

그 학교는 사무용품 업체로부터 주문을 할 것이다.

2) 소유격 뒤에는 명사가 온다. [Chapter 2 대명사 참고]

▶ 인칭대명사 소유격

my	your	his	her	its	our	their
나의	너의, 너희의	그의	그녀의	그것의	우리의	그들의

▶ 명사 소유격: -'s

To honor her **achievement**, the organization will give her an award.
　　　소유격　명사

그녀의 업적을 기리기 위하여, 그 기관에서는 그녀에게 상을 수여할 계획이다.

Jacob's **situation** wasn't getting any better.
소유격　명사

제이콥의 상황은 더 나아지고 있지 않았다.

3) 전치사와 능동태 타동사 뒤에는 명사가 온다.

The firm recently **hired** **accountants** to help with **negotiations**.
　　　　　　　동사　　명사　　　　　　전치사　　명사

그 회사는 최근 협상을 도와줄 회계사들을 고용했다.

---

vocabulary

attend 참석하다　community 주민, 지역사회　allow 허용하다　facility 시설　private 개인적인, 사적인　proposal 제안　client 고객　employee 직원　office supply 사무용품　honor 기리다　achievement 업적　award 상　negotiation 협상

출제 핵심 패턴 익히기

1. 관사 뒤에는 명사가 온다? 관사 끝부분에는 명사가 온다!

먼저, 아래 예제를 풀어보자.

예제 1-1

The school will place a ------- order from the office supply store.

(A) specialist   (B) special   (C) specialize   (D) specially

이 문제의 정답은 빈칸 뒤에 오는 order를 수식하는 형용사 special이다.
그렇지만 단순히 '관사 + 명사' 공식만으로 문제에 접근한 학생은 명사 specialist를 골랐을 것이다.
관사 뒤에는 명사가 온다. 그러나 관사 바로 뒤에 반드시 명사가 나오는 것은 아니다.
위 문제처럼 때로는 '형용사 + 명사' 구조가 관사 뒤를 이을 수도 있다.
그런데 단순히 '관사 + 명사'라는 공식만으로 문제에 접근하면 형용사 자리에 명사를 고르는 오류를 저지르게 되는 것이다.
이제 관사 뒤에는 명사가 온다는 패턴을 '**관사 끝부분은 명사 자리이다**'라고 외우자.

> **질문 있어요**
>
> **Q.** 관사 끝부분이 어디예요?
>
> **A.** 토익 파트5 문제에서 빈칸 뒤에 전치사, 접속사, 쉼표, 마침표, 부사 등이 있으면 빈칸 뒤에는 더 이상 명사가 붙을 수 없어서 '막혔다'고 한다. 막힌 부분이니 이 부분이 끝부분이 되는 것. 예제 1-2를 참고하라.

예제 1-2

The eligible ------- for this study were invited to a face-to-face interview at the clinic.

(A) participants   (B) participate
(C) participating (D) participated

Step by Step
① 빈칸 앞쪽에 관사 The가 왔군.
② 빈칸 뒤는 전치사 for가 와서 막혔네.
③ 그럼 빈칸은 관사 끝부분이니 명사가 올 자리네.
④ 정답은 (A)!

예제 1-3

ChemiTech is planning to market themselves as a local ------- to national brand names.

(A) alternate   (B) alternating
(C) alternative   (D) alternatively

✏️ 직접 풀이 과정을 쓰면서 문제를 풀어보세요.
① (빈칸 앞) _____.
② (빈칸 뒤) _____.
③ 정답은 _____.

2. 소유격 끝부분에는 명사가 온다. [Chapter 2 대명사 참고]

소유격 뒤에는 명사가 온다는 명사 자리 단서도 '**소유격 끝부분에는 명사가 온다**'로 바꾸어 기억하자.

예제 2-1

Cage Cover Co. will purchase three manufacturing plants in China in order to accelerate the company's ------- into Asia.

(A) expands (B) expandable
(C) expanded (D) expansion

Step by Step

① 빈칸 앞에 소유격 the company's 가 왔군.
② 빈칸 뒤는 전치사 into가 와서 막혔네.
③ 그럼 빈칸은 소유격 끝부분이니 명사가 올 자리네.
④ 정답은 (D)!

예제 2-2

To honor her ------- achievement, the organization will give her an award.

(A) excellence (B) excellent
(C) excellently (D) excellency

① 빈칸 앞에 소유격 her가 왔네. 그럼 빈칸은 명사인가?
② 빈칸 뒤에 명사 achievement와 콤마(,)가 이어서 나왔네. 그럼 achievement가 소유격 끝부분에 온 명사구나.
③ 빈칸은 명사가 아니라 achievement를 수식해 줄 형용사가 와야 하네.
④ 정답은 (B)!

예제 2-3

Please look over your ------- carefully before submitting it to the personnel department.

(A) application (B) apply
(C) applied (D) applicable

✎ 직접 풀이 과정을 쓰면서 문제를 풀어보세요.
① (빈칸 앞) _____.
② (빈칸 뒤) _____.
③ 정답은 _____.

질문 있어요

Q. 빈칸이 명사 자리인 건 알겠는데, 보기 중 뭐가 명사인지 모르겠어요.

A. 1. 그럴 땐 일단 -ed, -ing를 삭제해라.
※ -ing로 끝나는 명사들도 많으니 이 명사들은 어휘 학습에서 반드시 숙지!

2. 대표적인 명사 어미를 기억하라. 물론 예외도 있다.
-ion, -ness, -ance, -ment, -ship, -ty, -cy, -er, -or, -ure
location, sadness, acceptance, commitment, leadership, ability, professor, pressure

출제 핵심 패턴 익히기

3. 전치사 끝부분에는 명사가 온다.

전치사 뒤에는 명사가 온다는 명사 자리 단서도 '**전치사 끝부분에는 명사가 온다**'로 바꾸어 기억하자.

예제 3-1

The firm recently hired an accountant to help with ------- negotiations of M&A contracts.

(A) various
(B) variation
(C) variety
(D) vary

Step by Step

1. 빈칸 앞에 전치사 with가 왔네. 그럼 빈칸은 명사 자리인가?
2. 빈칸 뒤에 명사 negotiations와 전치사 of가 이어서 나왔네. 그럼 negotiations가 전치사 끝부분에 온 명사구나.
3. 빈칸은 명사 자리가 아니라 negotiations를 수식해 줄 형용사가 와야 하네.
4. 정답은 (A)!

예제 3-2

Employees have become concerned about the recent move to cut back on -------.

(A) beneficiary
(B) beneficial
(C) benefits
(D) beneficent

Step by Step

1. 빈칸 앞에 전치사 on이 왔네.
2. 빈칸 뒤는 온점(.)과 함께 문장이 끝나네.
3. 그럼 빈칸은 전치사 끝부분이니 명사가 올 자리네.
4. 보기 중 명사는 beneficiary(수혜자)와 benefits(혜택) 2개.
5. 사람 단수 명사는 반드시 앞에 관사나 소유격이 와야 하는데, 빈칸 앞엔 관사나 소유격이 없네. beneficiary는 빈칸에 오기 적합하지 않아.
6. 정답은 (C)!

 질문 있어요

Q. 빈칸이 명사 자리인건 알겠는데, 보기 중 명사가 두 개나 있어요.

A. 1. 사람 명사 단수 vs. 사물 명사
   사람 명사는 대개 가산 명사이기에 단수일 때는 앞에 관사나 소유격이 와야 한다.

2. 사람 명사 복수 vs. 사물 명사
   사람 명사 복수는 관사나 소유격 없이도 사용할 수 있으므로, 문장 해석을 통해 구별하라.

3. 빈칸 앞뒤의 동사, 대명사를 고려하여 단수 명사와 복수 명사를 구별할 줄 아는 지 묻는 문제가 나오기도 한다.

4. 능동태 타동사의 끝부분에는 명사가 온다.

능동태 타동사 뒤에는 목적어 역할을 할 명사가 필요하다. 동사뿐만 아니라 to부정사(to + 동사원형), 동명사(동사원형 + ing)도 목적어를 취할 수 있다.

> **NOTE** 토익 PART 5&6에 출제되는 빈칸 문제 동사 대부분은 3형식 동사로 능동태일 때는 뒤에 목적어로 명사 상당 어구를 취한다.

예제 4-1

The customer relations department is seeking ------- for analyzing the latest trends in the smartphone industry.

(A) will assist (B) assisted
(C) assistant (D) assistance

Step by Step

1. 빈칸 앞에 3형식 능동태 동사 is seeking(현재진행형)이 왔네.
2. 빈칸 뒤에 전치사 for가 나왔네. 그럼 빈칸은 능동태 동사 끝부분이니 목적어로 명사가 올 자리네.
3. 보기 중 명사는 사람 명사 (C)와 사물 명사 (D) 두 개가 있네.
4. 사람 단수 명사는 관사나 소유격 없이 쓸 수 없으므로 빈칸에는 사물 명사가 와야 하네.
5. 정답은 (D)!

예제 4-2

Mr. Pruitt will assume ------- for all contracts and projects in Alaska.

(A) responsibly (B) responsible
(C) responsive (D) responsibility

1. 빈칸 앞에 3형식 능동태 동사 will assume이 왔네.
2. 빈칸 뒤에 전치사 for가 와서 막혔어.
3. 그럼 빈칸은 능동태 동사 끝부분이니 목적어로 명사가 올 자리네.
4. 정답은 (D)!

예제 4-3

To request ------- to reproduce or distribute materials from the website, please contact us.

(A) permissive (B) permission
(C) permitted (D) permitting

✎ 직접 풀이 과정을 쓰면서 문제를 풀어보세요.

1. (빈칸 앞) _____.
2. (빈칸 뒤) _____.
3. 정답은 _____.

이것만은 꼭!

명사를 만드는 대표적인 끝말

-ment	improvement 개선, 향상 agreement 동의, 협의 assessment 평가 investment 투자(금)
-ion	introduction 도입 circulation 순환 expectation 기대 decision 결정, 결심
-ness	happiness 행복 kindness 친절함 weakness 약함 awareness 의식
-ty	novelty 새로움 difficulty 어려움 generosity 너그러움 responsibility 책임
-ist	artist 예술가 scientist 과학자 specialist 전문가 psychologist 심리학자
-ry	delivery 배달 discovery 발견 robbery 약탈, 강도질
-ance	endurance 인내 insurance 보험 assistance 도움 attendance 출석
-cy	accuracy 정확성 fluency 유창성 privacy 사생활 emergency 비상사태

형용사처럼 보이지만 명사인 단어

-ive	detective 탐정 representative 대표자 initiative 계획
-ent	resident 거주자 recipient 수취인
-al	proposal 제안, 청혼 survival 생존 arrival 도착 removal 제거 refusal 거절 denial 거부

사람 명사 / 사물 명사

사람 명사	사물 명사	사람 명사	사물 명사
instructor 강사	instruction 교육, 설명	architect 건축가	architecture 건축
consumer 소비자	consumption 소비	candidate 후보자	candidacy 입후보
resident 거주자	residence 거주	applicant 지원자	application 지원
critic 비평가	criticism 비평, 비난	employer 고용주 employee 직원	employment 고용
journalist 언론인	journal 신문, 학술지 journalism 저널리즘	accountant 회계사	accounting 회계 account 계좌

한눈에 복습하는 명사

```
                    • 가산 명사
                    • 불가산 명사
                         │
                        분류
                         ▲
        • 주어                        • 관사 끝부분
        • 동사의 목적어                  • 소유격 끝부분
        • 전치사의 목적어    ◀ 역할  명사  위치 ▶  • 전치사 끝부분
        • 주격 보어                     • 3형식 능동태
        • 목적격 보어                      동사 끝부분
```

Quick Quiz

📍 다음 중 명사를 모두 고르세요.

1. (A) confused   (B) confusing   (C) confusion   (D) confuse

2. (A) suggest   (B) suggestion   (C) suggesting   (D) suggested

3. (A) applicable (B) applicant   (C) application (D) apply

4. (A) stabilize   (B) stability   (C) stable   (D) stably

5. (A) revised   (B) revision   (C) revising   (D) revisable

📍 다음 중 셀 수 없는 명사를 고르세요.

6. (A) cash   (B) cost   (C) price   (D) discount

7. (A) machine   (B) computer   (C) robot   (D) machinery

8. (A) permit   (B) certificate (C) document   (D) permission

정답 1. (C) 2. (B) 3. (B), (C) 4. (B) 5. (B) 6. (A) 7. (D) 8. (D)

실전 감각 익히기

- Step by Step에 직접 풀이 과정을 쓰면서 문제를 풀어보세요.

1 The ------- with Dr. Bredon at Sports Clinic was rescheduled due to an urgent matter.

(A) appoint
(B) appoints
(C) appointment
(D) appointments

2 Once new employees complete -------, they will be eligible to become full-time staff.

(A) probation
(B) probationary
(C) probational
(D) probationer

3 To quickly solve the problems regarding customers' complaints, all ------- should be forwarded directly to the related department.

(A) inquire
(B) inquires
(C) inquiries
(D) inquired

4 There are legal ------- related to the annual meeting on the second floor in the main office.

(A) document
(B) documents
(C) documentary
(D) documentarily

5 All of Metro Laboratory's ------- must have a master's degree and will be asked to submit copies of their professional license.

(A) technical
(B) technically
(C) technicians
(D) technicality

Questions 6-9 refer to the following notice.

Welcome to Nostalgia Terrace! We're pleased that you have chosen to stay with us. The Nostalgia Terrace Management & Service staff are always ready to help you and try to meet your expectations. Ask us anytime about anything related to your room, the property and facilities, or our services -------6.-.

If you wish to ---7.---- the sports facility located on the 4th floor, please bring your reservation number with you. You are asked to read the safety regulations which are placed at the ---8.---- to the facility.

Our front desk is open 24 hours to assist you! We also have a website, www.nostalgia-guests.com, which only checked-in guests can use. ---9.---.

We look forward to getting to know you.

Sincerely,
The Nostalgia Terrace Management & Service Team

6
(A) at odds
(B) upon request
(C) in general
(D) in advance

7
(A) use
(B) manage
(C) obtain
(D) connect

8
(A) enter
(B) entrance
(C) entry
(D) enterable

9
(A) A complimentary breakfast buffet is included.
(B) You can directly order room service on this website.
(C) Personal information does not need to be shared.
(D) We need at least 24 hours' notice of cancellation.

Chapter 2 대명사

학습 목표

최근 토익에서는 단순한 인칭대명사 문제 외에 관계대명사와 함께 보기에 출제되는 문제 등 더 복잡한 패턴으로 제시되므로 주의해야 한다. 토익 문제 풀이에 필요한 기본 문법과 인칭대명사 문제의 패턴에 집중하는 것이 Chapter 2의 포인트이다.

바탕 다지기

대명사는 명사를 반복해서 쓰지 않기 위해 대신 쓰는 말이다. 명사를 대신해서 쓰는 만큼 명사와 같은 자리에 온다.

the man
→ he

the books
→ they

My family and I
→ we

필수 개념 익히기

1. 대명사의 분류

대명사는 앞에 나온 말을 대신 받는다.

인칭대명사	I 나 they 그들 him 그를/그에게 us 우리를/우리에게 …
지시대명사	this 이것 that 저것 these 이것들 those 저것들
부정대명사	some 일부 most 대부분 all 모두 each 각각 …

2. 인칭대명사

인칭대명사는 격과 인칭에 따라 적합한 형태를 쓴다.

수	인칭	주격 (~은/는, ~이/가)	소유격 (~의)	목적격 (~을/를)	소유대명사 (~의 것)	재귀대명사 (~자신)
단수	1인칭	I	my	me	mine	myself
	2인칭	you	your	you	yours	yourself
	3인칭	he / she / it	his / her / its	him / her / it	his / hers / its	himself / herself / itself
복수	1인칭	we	our	us	ours	ourselves
	2인칭	you	your	you	yours	yourselves
	3인칭	they	their	them	theirs	themselves

1) 주격 인칭대명사는 절의 주어 자리에 오는 명사를 대체한다. 주격 인칭대명사는 주어 자리에 온다.

The spokesperson explained what happened. → **She** explained what happened.
　주어　　　　　　　　　　　　　　　　　(= The spokesperson)
그 대변인은 무슨 일이 일어났는지 설명했다. → 그녀는 무슨 일이 일어났는지 설명했다.

2) 소유격은 뒤에 오는 명사를 한정한다.

3) 소유대명사는 〈소유격 + 명사〉가 결합한 것으로 주어, 목적어, 보어 자리에 오는 명사를 대체한다.

my book → mine	his idea → his	Julie's computer → hers
소유격 명사　소유대명사	소유격 명사　소유대명사	소유격　명사　소유대명사

4) 목적격 인칭대명사는 직접·간접 목적어 자리에 오는 명사를 대체한다.

I saw **this movie** on TV. → I saw **it** on TV.
　　　목적어　　　　　　　(= this movie)
나는 이 영화를 텔레비전에서 봤다. → 나는 그것을 텔레비전에서 봤다.

5) 재귀대명사는 목적어가 주어와 같을 때, 혹은 주어, 보어, 목적어를 강조할 때 쓴다.

▶ 재귀 용법: 주어와 목적어가 같을 때 쓴다.

Mr. Porter blames **himself**. 포터 씨는 자신을 비난한다.
주어   목적어, (Mr. Porter = himself)

▶ 강조 용법: 강조하기 위한 말이므로 생략 가능. 주어를 강조할 때는 주어 바로 뒤나 절 끝에 온다.

Don't worry. I'll do it **myself**. 걱정하지 마세요. 제가 직접 그것을 하겠습니다.
주어 | 강조 → 직접

▶ 재귀대명사 관용 표현

by oneself 홀로   **for oneself** 혼자 힘으로, 자기를 위해   **beside oneself** 제정신이 아닌

in itself 그 자체로   **enjoy oneself** 즐거운 시간을 보내다   **of itself** 저절로, 자연히

3. 지시대명사

	단수	복수
가까이 있는 것 / 사람	this 이것 / 이분	these 이것들 / 이분들
멀리 있는 것 / 사람	that 저것 / 저분	those 저것들 / 저분들

NOTE this, that, these, those는 명사 앞에서 지시형용사로도 쓸 수 있다.

1) 앞 문장에서 언급된 내용을 받는다.

Cole Group is looking for a new partner. **This** could be a great opportunity for us.
= the fact that Cole Group is looking for a new partner
콜 그룹이 새로운 파트너를 찾고 있다. 이것은 우리에게 좋은 기회가 될 수도 있다.

2) 앞에 나온 명사를 대신하기 위해 that, those를 쓸 수 있다.

Our marketing plan is more aggressive than **that** of K&P Corporation.
= the marketing plan
우리의 마케팅 계획은 K&P사의 그것[마케팅 계획]보다 더 공격적이다.

3) those는 관계사절, 분사구, 전치사구 등의 수식을 받아 '~한 사람들'이라는 뜻으로 사용될 수 있다.

The program is for **those** (**who** are) interested in international development cooperation.
그 프로그램은 국제 개발 협력에 관심 있는 사람들을 위한 것입니다.

vocabulary

spokesperson 대변인   **blame** 비난하다   **partner** 협력자   **aggressive** 공격적인   **cooperation** 협력

출제 핵심 패턴 익히기

5. 주격 인칭대명사는 문장의 주어를 대신한다.

주격 인칭대명사는 문장 주어 자리에 온다. 앞 절에 나온 명사 중 어떤 명사를 받는지 잘 파악해야 한다.

예제 5-1

If Mr. Steinhart has a few inquiries regarding the estimate of the bulk purchase, ------- should contact the sales manager.

(A) he
(B) his
(C) himself
(D) him

Step by Step

1. 빈칸 뒤에 조동사 should가 왔네.
2. 그러면 빈칸은 주어 자리구나.
3. 보기 중 주어 자리에 올 수 있는 것은 주격 (A)와 소유대명사 (B)야.
4. 대명사는 앞에 나온 명사를 받는 역할을 하지. 빈칸에 들어갈 대명사가 무엇을 받을지 찾아보니 Mr. Steinhart이므로 사람을 대신할 수 있는 주격 인칭대명사가 와야 하네.
5. 정답은 (A)!

예제 5-2

If your domain is not renewed by the end of your registration period, ------- expires in accordance with our company policy.

(A) it
(B) its
(C) this
(D) one

1. 빈칸 뒤에 동사 expires가 왔네.
2. 그러면 빈칸은 주어 자리구나.
3. 보기 중 주어 자리에 올 수 있는 것은 주격 인칭대명사 (A)와 소유대명사 (B)야.
4. 문맥상 빈칸에 들어갈 대명사는 a domain을 받는 것이므로 주격 인칭대명사가 와야 하네.
5. 정답은 (A)!

예제 5-3

Ms. Salbi believes that ------- has a right to know about potential conflicts of interest.

(A) hers
(B) herself
(C) her
(D) she

✏️ 직접 풀이 과정을 쓰면서 문제를 풀어보세요.

1. (빈칸 뒤) _____.
2. (빈칸 자리) _____.
3. (보기 분석) _____.
4. 정답은 _____.

예제 5-4

There is no doubt that Mr. Taylor is a competent administrator, but ------- needs some help.

(A) he
(B) his
(C) himself
(D) him

1. (빈칸 뒤) _____.
2. (빈칸 자리) _____.
3. (보기 분석) _____.
4. 정답은 _____.

6. 소유격은 명사를 한정하고, 소유대명사는 명사를 대신한다.

소유대명사는 문장 주어 자리에 와서 뒤에 동사를 이끌거나, 동사 뒤 목적어 자리에 온다.
소유격은 형용사처럼 명사 앞에 위치하므로, 명사 자리만 파악하면 쉽게 답을 고를 수 있다. 소유격이 명사 바로 앞에 오지 않고 '(부사) + 형용사 + 명사' 구조의 앞에 올 수도 있다.

예제 6-1
While Ms. Lopez completed the summary of her marketing report, ------- was revised by Mr. Harper.

(A) I
(B) my
(C) mine
(D) me

Step by Step
1. 빈칸 뒤에 be동사 was가 왔네.
2. 그러면 빈칸은 주어 자리구나.
3. 인칭대명사 보기 중 주어 자리에 올 수 있는 것은 주격 인칭대명사 (A)와 소유대명사 (C)야.
4. 문맥상 빈칸에 들어갈 대명사는 앞 절에 나온 marketing report를 받는 말이야.
5. 정답은 (C)!

예제 6-2
Please go over the terms and conditions in the contract thoroughly before making ------- final decision.

(A) whose
(B) your
(C) you
(D) that

1. 빈칸 뒤에 '형용사 + 명사'가 왔네.
2. 보기 중 '(형용사) + 명사' 앞에 위치할 수 있는 것은 소유격 관계대명사 (A)와 소유격 (B)야.
3. 소유격 관계대명사는 앞에 선행사가 와야 하는데 빈칸 앞에 명사가 없으므로 답이 될 수 없어.
4. 정답은 (B)!

예제 6-3
Ms. Herman started ------- business by developing anti-aging products cooperatively with domestic clinics.

(A) she
(B) hers
(C) her own
(D) herself

1. 빈칸 뒤에 명사가 나왔네.
2. 그러면 빈칸은 형용사나 소유격이 올 수 있는 자리구나.
3. 보기 중 소유격은 없으니 '소유격 + 강조 표현'인 (C)를 고르면 되겠다.
4. 정답은 (C)!

질문 있어요

Q. 빈칸에 소유격이 들어가야 하는데 보기에 소유격이 없어요.

A. 그렇다면 아마 보기에 '소유격 + own' 표현이 있을 것이다. own은 his, her, our 등 소유격 뒤에 나와서 소유 의미를 강조한다. 우리말로 하자면 my(나의) → my own(나 자신의) 정도의 차이이다. his own, their own, her own도 소유격과 다름없음을 기억하자.
참고로 'of 소유격 + own', 'on 소유격 + own'은 '혼자', '혼자 힘으로'라는 뜻의 관용 표현이다.

출제 핵심 패턴 익히기

7. 재귀대명사는 재귀 용법, 강조 용법, 관용 표현으로 출제된다.

1) **재귀 용법:** 주어와 목적어가 같을 때는 목적어 자리에 재귀대명사를 쓴다.
   단, 재귀대명사를 주어 자리에 쓸 수는 없다.
2) **강조 용법:** 재귀대명사는 부사로 쓰일 수 있는 유일한 인칭대명사이다. Chapter 4 부사 참고
   명사 뒤에서 그 의미를 강조하는 부사적인 용법으로 출제된다. 부사적으로 사용되기에 문장 구조에 영향을 미치지 않고 의미만 강조해준다. 완벽한 문장 뒤나 중간에 빈칸이 있다면 인칭대명사 중 오직 –self(selves)시리즈만 쓰일 수 있다.
3) 재귀대명사의 관용 표현들은 반드시 암기해 두도록 한다.

Step by Step

예제 7-1
Ms. Yamagata has proven ------- to be a considerate manager for a long time.

(A) her own   (B) hers
(C) herself   (D) she

1. 빈칸 앞 동사 has proven이 타동사 능동태이니 빈칸은 목적어 자리네.
2. 목적어 자리에 올 수 있는 보기는 소유대명사 (B), 재귀대명사 (C)가 있어.
3. 내용상 '그녀의 것'보다는 '그녀 자신을' 증명했다고 하는 것이 자연스러워.
4. 주어와 목적어가 같은 경우 목적격 인칭대명사가 아니라 재귀대명사를 써야 해.
5. 정답은 (C)!

예제 7-2
Ms. Sawasaki must finish the preparation for the meeting by ------- due to her colleague's absence.

(A) her   (B) hers
(C) herself (D) she

1. 빈칸 앞에 전치사 by가 왔네.
2. 보기는 모두 인칭대명사인데, 이 중 전치사 by와 어울려 '혼자서'라는 뜻의 관용 표현을 만드는 재귀대명사가 문맥상 가장 적절해.
3. 정답은 (C)!

예제 7-3
The vice president is expected to give a speech ------- at the annual conference.

(A) he   (B) his
(C) him   (D) himself

1. 빈칸이 속한 절은 이미 필수 성분인 주어, 동사를 다 갖춘 완전한 절이네. 그럼 빈칸 부분은 수식어구 자리.
2. 완벽한 절 뒤나 사이에 빈칸이 있다면 인칭대명사 중 오직 재귀대명사만 올 수 있어.
3. 정답은 (D)!

8. 지시대명사 중 those는 '~하는 사람들'이라는 뜻으로 쓰일 수 있다.

지시대명사 중 those의 특별한 용법에 주의를 기울여야 한다. **those가 전치사구, 분사구, 관계사절의 수식을 받을 때 '~하는 사람들'**이라는 뜻으로 사용된 것이다. 앞 문장에 대신 받을 명사가 없고 아무 예고 없이 문장 앞부분에 those가 나온다면 people을 받는 것과 마찬가지라고 생각한다.

예제 8-1
------ who want to purchase the limited edition album are required to put their name on the waiting list.

(A) That   (B) Anyone
(C) They   (D) Those

Step by Step
① 빈칸 뒤에 주격 관계대명사 who가 나왔네.
② 보기 중 사람 선행사로 쓰일 수 있는 대명사는 단수 취급하는 (B)와 복수 취급하는 (D)가 있어.
③ who 뒤의 동사 want가 복수 동사이니 단수 취급하는 (B)는 빈칸에 알맞지 않네.
④ 정답은 (D)!

예제 8-2
Nature Farm Group's first-quarter profit will be significantly lower than ------ of last year.

(A) this   (B) that
(C) those   (D) these

① 빈칸 안에 비교급 표현 lower than이 왔어. 그럼 빈칸에는 비교 대상을 받는 대명사가 들어가야 해.
② 보기 중 앞에 나온 명사를 대신할 수 있는 것은 (B)와 (C)가 있어.
③ 비교되고 있는 대상 profit은 단수이니 그것을 받는 지시대명사도 단수여야 겠네.
④ 정답은 (B)!

예제 8-3
------ who are responsible for the launch event will be here in an hour.

(A) This   (B) That
(C) Those   (D) These

✏️ 직접 풀이 과정을 쓰면서 문제를 풀어보세요.
① (빈칸 뒤) _____.
② (보기 분석) _____.
③ 정답은 _____.

예제 8-4
This activity is not recommended for ------ with a fear of heights.

(A) it   (B) that
(C) those   (D) these

① (빈칸 뒤) _____.
② (보기 분석) _____.
③ 정답은 _____.

이것만은 꼭!

◉ it을 표현한 관용표현

This is it! 이거야!	**give it a try** 한번 해보다 / 시험 삼아 해보다
That's it! 바로 그거야. / 다 됐다. / 그만해라.	**can't help it** 어쩔 수 없다
I got it. 알았어. / 내가 알아서 할게.	**call it a day** 마치다
get it over with 끝내버리다	**Go for it!** 힘내! / 해봐!
whatever it takes 무슨 일이 있더라도	**let me put it this way** 다른 식으로 말해보겠다
take it easy 쉬엄쉬엄하다 / 진정하라	**can't make it on time** 제시간에 갈 수 없다

◉ it의 여러 가지 쓰임

1. 비인칭 주어 it − 시간, 날씨 등을 나타내기 위해 쓰이는 it은 따로 해석하지 않는다.

   It's already 7:30. 벌써 7시 30분이야. (시간)

   It's three blocks to the supermarket. 슈퍼마켓까지 세 블록이야. (거리)

   It's raining outside. 밖에 비가 내려. (날씨)

2. 상황을 나타내는 it

   How is it going? 어떻게 지내[상황이 어때]?

   I can't stand it any longer. 나는 더 (이 상황을) 견딜 수 없어.

◉ those vs. anyone/everyone

- anyone과 everyone 역시 those와 마찬가지로 뒤에 관계사절, 분사구, 전치사구의 수식을 받아 '~하는 사람이라면 누구나'의 의미로 사용된다.
- 차이점은 those는 복수 취급, anyone, everyone은 단수 취급한다는 점이다.

those who + 복수 동사	~하는 사람들은
anyone/everyone who + 단수 동사	~하는 사람은 누구나
those (who are) with + 복수 동사	~을 가진 사람들
those (who are) in + 복수 동사	~에 있는 사람들

◉ those vs. them

- 우리말 해석은 비슷한 대명사로 둘 다 목적어 자리에 올 수 있다. 그러나 those 뒤에는 수식어구가 올 수 있고, them 뒤에는 수식어구가 올 수 없다는 차이가 있다.
- those with mild illnesses (○), them with mild illness (×)

한눈에 복습하는 대명사

대명사

인칭대명사
- 주격 – 주어 자리
- 목적격 – 전치사 / 타동사의 목적어 자리
- 소유격 – 명사 앞
- 소유대명사 – 주어, 목적어, 보어 자리
- 재귀대명사 – 목적어 자리, 완벽한 절 뒤나 중간

지시대명사
- this / these – 가까이 있는 것, 사람
- that / those – 멀리 있는 것, 사람
- those (who) – ~하는 사람들

빈칸에 알맞은 것을 고르세요.

1. He was trying hard to keep his thoughts to (him / himself).

2. Mr. Jones has finally admitted he can't renovate the entire estate by (him / himself).

3. 80 percent of respondents said they like being able to work on (their / theirs) own schedule.

4. Learning from mistakes is important for (anyone / those) who want to be successful.

5. Only (those / these) with a parking permit can park their car here.

6. After the workshop, they gained more confidence in (their / theirs) skills.

7. The city needs a solution for (it / its) financial problems.

8. Be careful about including work in your portfolio that is not entirely (you / yours).

[정답] 1. himself 2. himself 3. their 4. those 5. those 6. their 7. its 8. yours

실전 감각 익히기

• Step by Step에 직접 풀이 과정을 쓰면서 문제를 풀어보세요.

1 Mr. Petrov kept his head buried in papers while ------- colleagues were attending the reception.

(A) he
(B) his
(C) him
(D) himself

2 Ms. Logan is ------- under investigation for submitting false travel expenses.

(A) she
(B) her
(C) her own
(D) herself

3 Managers from New Move Apparel stayed at the Western Hotel for ------- annual training workshop.

(A) they
(B) their
(C) them
(D) theirs

4 After successful completion of the design course in France, Ms. Bright has made a variety of costumes on -------.

(A) she
(B) her
(C) her own
(D) herself

5 Usually the analyst is in charge of arranging last quarter's financial data and submitting ------- to the accounting department.

(A) whose
(B) how
(C) this
(D) it

6 Mr. Hollis had no work experience before ------- joined Creation Pharmacy.

(A) he
(B) his
(C) him
(D) himself

7 Dr. Randy will write a reference letter for ------- who take his course this semester.

(A) they
(B) anyone
(C) those
(D) it

8 ------- wishing to become an attorney has to graduate from law school.

(A) Who
(B) Anyone
(C) They
(D) Those

9 While attending the graphic design workshop, all employees create a brochure by -------.

(A) which
(B) they
(C) themselves
(D) himself

10 Since Mr. Ivanov earned a good performance evaluation, ------- will quickly be promoted.

(A) he
(B) his
(C) who
(D) how

Chapter 2 대명사 031

Chapter 3 형용사

학습 목표

매달 시험에 2문제 이상 나오는 형용사 문제는 다른 문법 문제와 마찬가지로 자리를 찾는 데에 주력해야 한다. 특히 명사 자리를 먼저 공부해야 형용사 자리를 찾을 수 있으며, 2형식과 5형식의 보어 용법까지 학습해야 한다.

바탕 다지기

형용사는 명사의 상태를 설명해주고 꾸며주는 말이다. 명사를 직접 꾸며줄 수도 있고, 주어나 목적어로 쓰인 명사를 보충 설명해 줄 수도 있다.

a **purple** chair

a **comfortable** chair

a **rocking** chair

필수 개념 익히기

1. 형용사의 역할

형용사는 명사를 직접 꾸며주거나, 주어나 목적어를 보충 설명한다.

1) 형용사는 명사를 꾸며준다. (한정적 용법)

▶ 형용사 + 명사

The more **fresh** vegetables you eat, the less likely you are to get sick.

당신이 신선한 야채를 많이 먹을수록, 병에 걸릴 가능성이 줄어듭니다.

▶ 명사 + 형용사: -thing, -one, -body로 끝나는 대명사를 꾸며줄 때는 형용사가 뒤로 간다.

Observers may be able to learn something **valuable**.

참관인들은 무언가 가치 있는 것을 배울 수 있을지도 모른다.

2) 2형식 문장: 주어 + 동사 + 주격 보어(서술적 용법)

주어를 보충해주는 말(주격 보어)이 반드시 필요한 문장 형식이다. 주격 보어로 형용사가 오면 주어의 상태를 보충 설명한다.

Our fees are **reasonable**. 우리 요금은 합리적입니다[저렴합니다].
　주어　　　주격 보어

NOTE 주요 2형식 동사: be, look, remain, become …

3) 5형식 문장: 주어 + 동사 + 목적어 + 목적격 보어(서술적 용법)

목적어를 보충해주는 말(목적격 보어)이 필요한 문장 형식이다. 목적격 보어로 형용사가 오면 목적어의 상태를 보충 설명한다.

It's important to make the process **simpler**. 절차를 더 단순하게 만드는 것이 중요하다.
　　　　　　　　　　　목적어　　목적격 보어

NOTE 주요 5형식 동사: find, make, consider, think …

4) 명사를 수식할 때와 서술할 때 형용사 뜻이 달라지기도 한다.

certain	수식	The author has written this text for a **certain** audience. 작가는 이 글을 **특정한** 청중을 위해 썼다.
	서술	Nothing is **certain** at this point. 이 시점에서는 아무것도 **확실하지** 않다.
present	수식	I don't know his **present** address. 나는 그의 **현재** 주소를 모른다.
	서술	Many people were **present** at the ceremony. 많은 사람들이 기념식에 **참석했다**.

2. 수량 형용사

수량 형용사는 명사의 수나 양을 나타낸다.

+셀 수 있는 명사 (가산 명사)	a great[large] number of 매우 많은 many 많은 a few 약간 few 거의 없는 both 둘 다의 a couple of 두세 개의 several 몇몇의
+셀 수 없는 명사 (불가산 명사)	a great deal of 매우 많은 a large amount of 매우 많은 much 많은 a little 약간 little 거의 없는 a bit of 소량의
+공통	a lot of[lots of] 많은 plenty of 많은 some 약간 any 약간(의문문, 부정문) enough 충분한 no 전혀 없는 most 대부분의 all 모든

1) all / some / no / most + 복수 명사 + 복수 동사
   all / some / no / most + 불가산 명사 + 단수 동사

   <u>All</u> members <u>are</u> working toward a shared vision. 모든 구성원은 공유된 비전을 향해 노력하고 있다.
   　_{복수 명사+복수 동사}

   <u>Most</u> research <u>is</u> focused on investment products. 대부분 연구가 투자 상품에 초점이 맞춰져 있다.
   　　_{불가산 명사+단수 동사}

2) both / (a) few / many / several / a number of + 복수 명사 + 복수 동사

   <u>Both</u> companies <u>sell</u> their products through dealers. 두 회사 다 중개인을 통해 제품을 판다.
   　_{복수 명사 + 복수 동사}

   NOTE the number of + 복수 명사 + 단수 명사

3) either / neither / each / every / another + 단수 명사 / 불가산 명사 + 단수 동사

   <u>Each</u> reviewer <u>has</u> an identification number. 각 검토인은 식별 번호를 갖는다.
   　　_{단수 명사 + 단수 동사}

   <u>Another</u> agency, Creative Online, <u>has</u> similar pricing.
   　　_{단수 명사}　　　　　　　_{+단수 동사}
   다른 대행사, 크리에이티브 온라인은 비슷한 가격 정책을 가지고 있다.

   In recent decades, <u>a great deal of</u> attention has been paid to the issue of healthcare.
   　　　　　　　　　　　_{불가산 명사 + 단수 동사}
   최근 수십 년간, 많은 주의가 건강 관리 문제에 기울여졌다.

---

vocabulary

observer 관찰자, 참관인   valuable 가치 있는   audience 청중   ceremony 의식   toward ~을 향해서   investment 투자   through ~을 통해   dealer 중개인   identification 식별, 신원 확인   agency 대행사   similar 비슷한   pricing 가격 정책   healthcare 건강 관리

출제 핵심 패턴 익히기

9. 관사, 소유격, 전치사 끝자리에 온 명사 앞에는 형용사가 온다.

명사 자리를 파악했다면, 명사 앞 빈칸 자리는 형용사를 답으로 고르면 된다.

NOTE '명사 + 명사' 형태의 복합 명사 문제는 잘 출제되지 않는다. 그러므로 명사 앞 빈칸은 거의 형용사라고 보면 된다.

예제 9-1

The ------- strategy for the online advertisement will be presented at the final conference.

(A) practicality (B) practical
(C) practically   (D) practitioner

Step by Step

1. 빈칸 앞에 관사 the가 왔네. 관사 끝자리는 명사가 차지하지.
2. 관사 끝자리에 이미 명사가 왔잖아. 그럼 빈칸은 명사를 수식하는 형용사가 와야 하겠다.
3. 정답은 (B)!

질문 있어요

Q. 생김새만 보고 형용사를 고르는 방법이 있나요?

A. **1단계 법칙** 형용사에 -ly가 붙으면 부사가 된다.
형용사에 -ly를 붙이면 부사가 되는 공식을 역이용하여 형용사 보기를 찾을 수 있다. 보기 중 -ly로 끝나는 단어에서 -ly를 제거해 보았을 때, 그와 똑같이 생긴 단어가 보기에 있다면 그게 형용사이다.

2단계 법칙 형용사 어미(-ble, -ive, -ful, -al, -ous, -ent, -ic, -ry 등)를 확인한다.

3단계 법칙 -ed, -ing로 끝나는 분사(대체 형용사)를 고려한다.
토익 형용사 문제에서는 기본 형용사가 우선적 정답이다. 그러나 보기에 기본 형용사가 없을 때 대체 형용사인 분사를 고를 수 있는지 묻는 문제도 출제된다. 토익에 나오는 문제의 동사 형태는 대부분 3형식으로, 감정 유발 단어 (exciting, interested 등)와 예외적인 표현을 제외하고는, 사물일 때는 -ed를 고른다. 사람일 때는 -ed, -ing 둘 다 사용할 수 있기에 해석으로 접근한다.

예제 9-2

Once we receive the ------- proposal, we'll begin the next stage of the process.

(A) revise   (B) revised
(C) revises   (D) revising

1. 빈칸 앞에 관사 the가 왔어.
2. 관사 끝자리에는 이미 명사 proposal이 왔네. 그럼 빈칸은 명사를 수식하는 형용사 자리야.
3. 보기에서 형용사 고르기 1단계, 2단계를 적용해서 고를 수 있는 형용사는 없으니 3단계 법칙을 적용하여 분사 (B), (D)를 고려해야 하겠다.
4. '수정하는 제안서'가 아니라 '수정된 제안서'라는 뜻이 되어야 자연스러워.
5. 정답은 (B)!

10. 주격 보어 자리에는 형용사가 온다.

주격 보어로는 형용사 혹은 명사가 올 수 있지만, **관사나 소유격이 없을 시 주격 보어 자리에는 보통 명사 대신 형용사가** 정답이다.

> **NOTE** 1. 보기에 -ed, -ing가 둘 다 있다면 수동태/능동태 문제로 먼저 접근한다.
> 2. 그렇지 않다면, 형용사 자리를 파악하는 문제이다.

예제 10-1

It is intended that this document be -------.

(A) confidence (B) confidentially
(C) confide (D) confidential

① be동사 뒤에 빈칸이 나오는 패턴이야.
② -ed, -ing로 끝나는 보기는 없으니 일반 형용사 자리를 파악하는 문제구나.
③ 형용사 고르기 1단계 법칙을 적용해 형용사 보기를 찾아보자. (B) confidentially에서 ly를 제거한 confidential이 (D)에 있네.
④ 정답은 (D)!

예제 10-2

The questions concerning the new product will be ------- by the PR department.

(A) handles (B) handled
(C) handling (D) handle

① 빈칸 앞에 be동사가 나왔네.
② 보기 중 -ed, -ing로 끝나는 것들이 보이네. 그럼 이건 수동태/능동태 문제로 먼저 접근하자.
③ 빈칸 뒤에 목적어 없이 전치사 by로 막혀있으므로 수동태를 구성하는 -ed형이 와야 하겠다.
④ 정답은 (B)!

예제 10-3

Star Electronics has steadily grown by being ------- to the needs of newly-married couples and developing innovative appliances for them.

(A) attention (B) attentive
(C) attentively (D) attentions

① 빈칸 앞에 be동사가 나왔네.
② -ed, -ing로 끝나는 보기는 없으니 일반 형용사 자리를 파악하는 문제구나.
③ 형용사 고르기 1단계 법칙을 적용해 형용사 보기를 찾아보자. (C) attentively에서 ly를 제거한 것과 똑같이 생긴 attentive가 (B)에 있네.
④ 정답은 (B)!

출제 핵심 패턴 익히기

11. 목적격 보어 자리에는 형용사가 온다.

5형식 문장에서 목적어를 보충해주는 목적격 보어로는 형용사 혹은 명사가 쓰일 수 있다. 빈칸 앞에 관사나 소유격이 없을 때 목적격 보어 자리에는 형용사가 답일 확률이 높다.

'동사 + 목적어 + 빈칸' 구조에서는 동사가 3형식인지 5형식인지를 먼저 판단한다. 3형식인 경우 부사를, 5형식은 형용사(목적격 보어)를 쓴다.

NOTE make, find, consider는 자주 출제되는 5형식 동사이다.

예제 11-1

A series of new textbooks written by famous instructors are expected to make our lectures -------.

(A) profiting
(B) profitable
(C) profitably
(D) profits

Step by Step

1. 빈칸 앞에 to부정사와 to부정사의 목적어가 나왔네. '동사 + 목적어 + 빈칸' 구조에서는 동사가 3형식인지, 5형식인지 먼저 판단해야 해.
2. make는 consider, find와 같이 대표적인 5형식 동사이니 빈칸은 형용사 자리네.
3. 형용사 고르기 1단계 법칙을 적용할 수 없네. 2단계로 넘어가서 형용사 어미(-ble, -ive, -ful, -al, -ous, -ent, -ic, -ry)를 확인해보자.
4. 정답은 (B)!

예제 11-2

The county will find it ------- to build new stadiums at some point.

(A) necessity
(B) necessitate
(C) necessary
(D) necessarily

1. 빈칸 앞에 동사 find와 목적어 it이 나왔네.
2. find는 대표적인 5형식 동사이니 빈칸은 목적격 보어 자리야.
3. 빈칸 앞에 관사도 소유격도 없으니 목적격 보어로는 형용사가 와야 해.
4. 정답은 (C)!

예제 11-3

A unique and creative marketing strategy will make your company -------.

(A) compete
(B) competition
(C) competitive
(D) competitor

✏️ 직접 풀이 과정을 쓰면서 문제를 풀어보세요.

1. (빈칸 앞) _____.
2. (보기 분석) _____.
3. 정답은 _____.

12. 수량 형용사와 부정 형용사는 수식하는 명사의 수로 판단한다.

가산/불가산 명사, 단수/복수 명사와 어울리는 수량 형용사를 잘 익혀둔다.

예제 12-1
------- effort is being made to get the situation under control.

(A) Every   (B) All
(C) Several   (D) A few

Step by Step
1. 빈칸 뒤는 명사가 나왔네. 그럼 빈칸에는 명사를 수식하는 형용사가 나와야 하겠다.
2. 보기를 보니 수량 형용사들로 되어 있네. effort는 단수이니 이 중 단수 명사와 어울릴 수 있는 것을 고르면 되겠다.
3. 정답은 (A)!

예제 12-2
Starmart is considering adding ------- option for online shoppers.

(A) other   (B) some
(C) most   (D) another

1. 빈칸 뒤에 명사가 나왔네. 그럼 빈칸은 명사를 수식하는 형용사가 나와야 하겠다.
2. 보기를 보니 수량 형용사네. 단수 명사 option과 어울리는 것을 고르면 되겠다.
3. 정답은 (D)!

✏ 직접 풀이 과정을 쓰면서 문제를 풀어보세요.

예제 12-3
According to some sources, the company is about to open ------- stores in this area.

(A) every   (B) little
(C) much   (D) several

1. (빈칸 뒤) _____.
2. (보기 분석) _____.
3. 정답은 _____.

예제 12-4
Most sports commentators don't think ------- team has an advantage in the game.

(A) a few   (B) a series of
(C) both   (D) either

1. (빈칸 뒤) _____.
2. (보기 분석) _____.
3. 정답은 _____.

예제 12-5
------- mechanics have to wear safety gear and helmets during working hours.

(A) Every   (B) Each
(C) Little   (D) All

1. (빈칸 뒤) _____.
2. (보기 분석) _____.
3. 정답은 _____.

Chapter 3 형용사

이것만은 꼭!

📍 형용사를 만드는 대표적인 끝말을 알아둔다. 물론 예외도 있다.

-able/-ible	available 이용 가능한 possible 가능한 eligible 바람직한, 적격의 comfortable 편안한 affordable 알맞은, (가격이) 감당할 수 있는
-al	cultural 문화의 emotional 감정적인 national 국가적인, 전국의 punctual 시간을 지키는
-ful	meaningful 의미 있는 careful 주의 깊은, 세심한 wonderful 멋진, 놀라운 harmful 해로운
-less	careless 부주의한 helpless 무력한 useless 쓸모없는 wireless 무선의
-(l)y	healthy 건강한, 건강에 좋은 deadly 치명적인, 극도의 lucky 운이 좋은 wealthy 부유한
-ous	famous 유명한 dangerous 위험한 generous 관대한 adventurous 모험심이 강한
-ive	informative 유익한 punitive 징벌의 extensive 폭넓은
-ish	foolish 어리석은 childish 유치한 selfish 이기적인
-ic/-ical	artistic 예술적인 gigantic 거대한 sympathetic 동정적인 basic 기본적인 typical 전형적인
-ent	different 다른 prevalent 만연한 subsequent 차후의 prominent 현저한, 중요한
-ry	momentary 순간적인 temporary 일시적인 elementary 기초적인

📍 형태는 비슷하지만 의미가 다른 형용사들에 주의한다.

considerable 상당한	considerate 사려 깊은	confident 자신 있는	confidential 기밀의
beneficial 유익한	beneficent 인정 많은	respectful 공손한	respective 각각의
prospective 장래의, 유망한	prosperous 번영하는	successful 성공적인	successive 연속적인
reliable 믿을 수 있는	reliant 의지하는	competitive 경쟁적인	competent 능숙한
sensible 분별 있는	sensitive 민감한	social 사회의	sociable 사교적인
terrible 무서운, 끔찍한	terrific 멋진	literal 문자 그대로의	literary 문학의
economic 경제적인	economical 경제적인, 절약하는	industrial 산업의	industrious 근면한

📍 전형적인 능동/수동 의미로 해석하지 않는 분사들에 주의한다.

experienced 숙련된	distinguished 우수한	detailed 자세한	complicated 복잡한
preferred 우선의	outdated 구식의	challenging 도전적인	demanding 힘든
preceding 이전의, 앞선	rewarding 보람 있는		

한눈에 복습하는 형용사

형용사

쓰임
- 한정적 용법: 명사의 앞/뒤에서 수식
- 서술적 용법: 2형식(주어 + 동사 + 주격 보어)
  5형식(주어 + 동사 + 목적어 + 목적격 보어)

수량 형용사
- all / some / no / most + 복수 명사 + 복수 동사
  all / some / no / most + 불가산 명사 + 단수 동사
- both / (a) few / many / several / a number of
  + 복수 명사 + 복수 동사
- either / neither / each / every / another / a great deal of
  + 단수 명사 / 불가산 명사 + 단수 동사

Quick Quiz

◆ 다음 중 형용사를 모두 고르세요.

1. (A) art   (B) artful   (C) artistic   (D) artist
2. (A) inform   (B) information   (C) informant   (D) informative
3. (A) help   (B) helper   (C) helpless   (D) helpful
4. (A) extend   (B) extension   (C) extent   (D) extensive
5. (A) careful   (B) care   (C) carefully   (D) careless
6. (A) urge   (B) urgent   (C) urgently   (D) urgency
7. (A) momentum   (B) momentary   (C) moment   (D) momentarily
8. (A) reliably   (B) reliant   (C) reliable   (D) rely

정답 1. (B), (C)   2. (D)   3. (C), (D)   4. (D)   5. (A), (D)   6. (B)   7. (B)   8. (B), (C)

실전 감각 익히기

• Step by Step에 직접 풀이 과정을 쓰면서 문제를 풀어보세요.

1 Instructors at the Swim Academy are well known for their ------- training methods and expertise in sports science.

(A) specialness
(B) special
(C) specially
(D) specialists

2 As a creative director, Mr. Albright pushes the designers to be ------- to detail.

(A) attention
(B) attentively
(C) attentive
(D) attentiveness

3 The manufacturing division's director found your suggestion -------, so he decided to select it as the winner of the slogan competition.

(A) use
(B) uses
(C) useful
(D) usefully

4 During the dentistry seminar, local dentists will have a chance to learn how to perform ------- implant techniques.

(A) innovate
(B) innovated
(C) innovation
(D) innovative

5 The ------- aim of the recycling program is to reduce unnecessary waste in the working area.

(A) chief
(B) chiefs
(C) chiefly
(D) chieftain

6 Because Mason Hospital is very modern and clean, it seems hardly ------- for it to have existed for more than half a century.

(A) possible
(B) possibly
(C) possibility
(D) possibilities

7 The spokesperson announced that the company will soon convene a meeting to discuss ------- question regarding their legal problems.

(A) all
(B) most
(C) each
(D) whose

8 Once the concerns about their renovation schedule are resolved, Doo-Won Landscaping will commence ------- projects.

(A) diversity
(B) diverse
(C) diversely
(D) diversify

9 The Premium 2020 digital camera uses newly ------- zoom-in technologies in order to catch up with rival products and attempt new designs.

(A) impressed
(B) developed
(C) satisfied
(D) excited

10 Please take a moment to complete the enclosed questionnaire regarding how ------- your stay at our hotel was.

(A) available
(B) close
(C) enjoyable
(D) innovative

Chapter 4 부사

학습 목표

부사 문제는 매달 2문제 이상 출제된다. 다른 문법 문제와 마찬가지로 자리를 찾는 데에 주력해야 한다. 특히 형용사와 동사를 수식하는 것이 부사의 핵심 기능이기에 관련 문법을 잘 알아두는 것이 중요하며, 완전한 절에 추가되는 품사라는 것이 분사 문제 풀이의 중요한 포인트이다. 다만, 기초 학습자들의 경우 완벽한 문장 구조 파악에 취약하기에 이번 챕터에서는 기초적인 부사의 문법과 기출 문제 패턴 그리고 답 고르기 기술을 준비했다.

바탕 다지기

부사는 형용사, 동사, 다른 부사, 그리고 문장 전체를 꾸며주는 말이다. 부사를 활용하여 동작이 어떻게, 언제, 어디서 일어났는지 말하거나, 문장 내용에 대한 해석, 평가를 더하는 등 풍부한 의미를 보탤 수 있다.

필수 개념 익히기

1. 부사의 형태

기본적으로 부사는 형용사에 -ly를 붙여 만들어준다.

final → finally 마침내 part → partly 부분적으로	necessary → necessarily 반드시 certain → certainly 확실히	evident → evidently 명백하게 regular → regularly 정기적으로

2. 부사의 종류

부사의 특성에 따라 다음과 같이 구분할 수 있다.

일반부사	probably 아마 briefly 간결하게 frankly 솔직히 slowly 천천히 largely 대체로 really 정말로 happily 행복하게 directly 직접적으로
의문부사	when 언제 where 어디에 why 왜 how 어떻게
접속부사	however 그러나 moreover 더욱이 thus 이와 같이 therefore 그러므로 instead 대신에 likewise 마찬가지로 information 정보 otherwise 그렇지 않으면 nevertheless 그런데도 meanwhile 그동안에, 한편
빈도/부정부사	always 항상 usually 대개 sometimes 가끔 often 종종 rarely 거의 ~않는 never 결코 ~않는

3. 부사의 역할

1) 부사는 형용사를 꾸며준다.

You'll find this software **surprisingly** easy to use.
　　　　　　　　　　　　　　　　부사　　　형용사
당신은 이 프로그램이 사용하기에 놀랍게 쉽다는 것을 알게 될 겁니다.

These two products have **significantly** different structures.
　　　　　　　　　　　　　　부사　　　　형용사
이 두 제품은 상당히 다른 구조를 가지고 있다.

2) 부사는 다른 부사를 꾸며준다.

Quite simply, Mr. Wright's comment on our analysis is laughable.
　부사　　부사
아주 단순하게, 우리 분석에 관한 라이트 씨의 비평은 터무니없다.

> **NOTE** 부사는 형용사나 부사, 또는 부사 역할을 하는 전치사구 역시 꾸며준다.

The sports facility was built **right** in the middle of the town.
　　　　　　　　　　　　　　　부사　　　　전치사구
운동 시설은 마을 한가운데에 지어졌다.

3) 부사는 동사를 꾸며준다.

▶ 동사 + 부사

The commissioners meet **regularly** to coordinate their work.
위원들은 업무를 조정하기 위해 정기적으로 만난다.
We **recently** spoke with Fred Davies. 우리는 최근에 프레드 데이비스와 얘기했다.

▶ 조동사 + 부사 + 동사원형

Further price declines could **potentially** affect the overall quality of the service.
추가 가격 하락은 전반적인 서비스 품질에 잠재적으로 영향을 미칠 수 있다.

▶ 완료형 + 부사

Ms. Grayson has **finally** found a marketing plan that works for her client.
그레이슨 씨는 마침내 그녀의 의뢰인에게 효과가 있는 마케팅 계획을 찾았다.

▶ 수동태 + 부사

The community center was **partly** destroyed by the hurricane.
주민 센터가 토네이도에 의해 부분적으로 파괴되었다.

▶ 진행형 + 부사

The IT department is **constantly** reminding them to back up their files.
IT 부서는 그들에게 파일을 백업할 것을 끊임없이 상기시킨다.

(NOTE) 부사는 분사, to부정사, 동명사도 꾸며준다.

Trainees need to listen **carefully** to feedback from coaches.
훈련생들은 코치의 피드백에 주의 깊게 귀 기울일 필요가 있다.
I would try one more time before giving up **entirely**.
나는 완전히 포기하기 전에 한번 더 시도해보겠다.

4) 부사는 절 전체를 꾸며준다.

Inevitably, the situation has gotten worse. 예상대로[불가피하게], 상황은 더 악화되었다.

---

vocabulary

surprisingly 놀랍게도   significantly 상당히   structure 구조   facility 시설   middle 가운데   commissioner 위원
decline 하락   potentially 잠재적으로   affect 영향을 미치다   overall 전반적인   destroy 파괴하다   trainee 훈련생
give up 포기하다

출제 핵심 패턴 익히기

13. 동사와 형용사 앞은 부사 자리이다.

동사와 형용사를 수식하는 것이 부사의 핵심기능이다. 그러므로 명사 앞, 2형식의 주격 보어, 5형식의 목적격 보어 자리 등 형용사 자리를 잘 암기해두면 형용사 앞 부사 자리 문제를 훨씬 수월하게 풀 수 있다.

NOTE -ed(동사 과거형, 과거분사)와 -ing(현재분사, 동명사) 앞 역시 부사 자리이다.

예제 13-1

The manager asked that all new employees ------- review the terms and conditions of the agreement.

(A) closing (B) closely
(C) closes   (D) closed

Step by Step

① 빈칸 뒤에 동사 review가 왔네. 그렇다면 빈칸은 아마 부사 자리일 거 같아.
② 게다가 빈칸이 속한 절은 주어, 동사, 목적어까지 갖춘 완벽한 절.
③ 그렇다면 빈칸에는 부사가 들어가면 되겠다.
④ 정답은 (B)!

예제 13-2

In order to attract international clients, Spart Hotel ------- renovated its main facilities, including the conference room.

(A) gradual   (B) gradually
(C) gradualist (D) gradualism

① 빈칸 뒤에 -ed로 끝나는 과거 동사 renovated가 왔어. 빈칸은 아마 부사 자리일 거야.
② 절을 살펴보니 주어 Spart Hotel과 목적어 its main facilities도 갖추었네.
③ 즉 완벽한 절 사이에 온 빈칸이니 동사를 수식하는 부사가 오면 되겠다.
④ 정답은 (B)!

예제 13-3

The ------- owned company generates $50 million a year in revenue.

(A) private   (B) privately
(C) privacy   (D) privatize

✎ 직접 풀이 과정을 쓰면서 문제를 풀어보세요.
① (빈칸 뒤) _____.
② (빈칸이 속한 절) _____.
③ 정답은 _____.

14. 동사 세트 사이는 부사 자리이다.

동사 세트(have + v-ed, be + v-ed, be + v-ing) 사이에 있는 빈칸은 동사를 수식하는 부사 자리이다.

예제 14-1

Barnes Brothers is ------- offering a discount voucher to all new clients on a first-come-first-served basis.

(A) temporary
(B) temporarily
(C) temporality
(D) temporal

Step by Step

① 빈칸 뒤에 -ing로 끝나는 단어가 왔어.
② 빈칸 앞에는 be동사 is가 왔으니 빈칸은 현재진행형 동사 세트 사이에서 동사를 수식하는 부사가 올 자리이네.
③ 게다가 빈칸이 속한 절은 주어 Barnes Brothers, 동사 is offering, 목적어 a discount voucher를 다 갖춘 완벽한 절이니 빈칸이 부사 자리임을 다시 한번 확인할 수 있어.
④ 정답은 (B)!

예제 14-2

Apollo Corporation was founded in 2015 and has ------- expanded its product range with cost-effective models.

(A) continuity
(B) continuous
(C) continuously
(D) continual

① 빈칸 뒤에는 -ed로 끝나는 단어가 왔어.
② 빈칸 앞에는 has가 왔으니, 빈칸은 현재완료(have + 과거분사) 동사 세트 사이에서 동사를 수식하는 부사가 올 자리이네.
③ 게다가 빈칸이 속한 절은 주어, 동사, 목적어를 다 갖춘 완벽한 절이니 빈칸이 부사 자리임을 확신할 수 있어.
④ 정답은 (C)!

예제 14-3

The company's economic reality was ------- ignored when Mr. Schmidt decided to open an overseas branch.

(A) simply
(B) simple
(C) simplify
(D) simplicity

✏️ 직접 풀이 과정을 쓰면서 문제를 풀어보세요.

① (빈칸 뒤) _____.
② (빈칸 앞) _____.
③ (빈칸이 속한 절) _____.
④ 정답은 _____.

Chapter 4 부사 049

출제 핵심 패턴 익히기

15. 완전한 절 뒤는 부사 자리이다.

필수 문장 성분을 다 갖춘 완전한 절 다음 빈칸은 부사 자리이다.

예제 15-1

Before we publish the article, the final version should be reviewed ------- by a number of editors.

(A) thorough
(B) thoroughness
(C) thoroughly
(D) more thorough

Step by Step

1. 빈칸 앞에 3형식 동사 수동태 (be + v-ed)가 왔네. 3형식 동사의 수동태는 뒤에 목적어도, 목적격 보어도 필요하지 않고 주어와 동사만으로 완전한 절을 이루어. 그러니 reviewed 뒤는 모두 수식어야.
2. 완벽한 절 뒤 빈칸은 부사 자리니, 수동태 동사를 수식할 부사가 빈칸에 와야 하겠다.
3. 정답은 (C)!

질문 있어요

Q. 완전한 문장인지 아닌지 문장 구조를 잘 파악하지 못하겠어요.

A. 주어와 동사는 대부분 어렵지 않게 파악할 수 있을 것이다. 문장 구조가 잘 보이지 않는 원인은 목적어가 전치사구 (예: A of B in C)로 길어지는 것이다. 완전한 능동태 문장 뒤 부사 자리를 판별하는데 도움이 되는 공식이 있다.

1. 문장 후반부에 빈칸이 있다.
2. 빈칸 뒤는 막혔고, 빈칸 앞에는 명사가 있다. [참고: p.12 관사 끝부분이 어디예요?]
ex. 명사 ------- to ~
3. 보기 중에 -ly가 있다면 답의 후보!
4. 빈칸 앞에 나온 명사가 동사의 목적어라면? → -ly가 정답!

예제 15-2

If you are interested in the exhibition coordinator position, please fill out the application -------.

(A) completion
(B) complete
(C) completed
(D) completely

1. 빈칸 앞에 명사 application이 나왔고, 빈칸 뒤는 막혔네.
2. 보기 중에 -ly가 있으니 일단 답의 후보로 점찍어 놓자.
3. 빈칸이 속한 절은 명령문이라 주어는 없어도 돼. 동사 fill out과 목적어 the application을 갖춘 완전한 절이야.
4. 완전한 절 뒤에 빈칸은 부사가 올 자리이지.
5. 정답은 (D)!

16. 완전 자동사 뒤는 부사 자리이다.

완전 자동사는 목적어도 보어도 필요 없이 주어와 동사만으로 완전한 의미를 갖춘 문장을 만든다. 완전 자동사 중에서는 타동사로도 쓰이는 것들이 있으므로 해석을 통해 구별해야 하는 문제도 있다.

- 문법 빈출 자동사: work, begin, start, grow, proceed
- 어휘 빈출 자동사: rise, increase, drop, fall, decline, vary, dress

완전 자동사와 자주 어울려 쓰는 '동사＋부사' 빈출 표현은 어느 정도 정형화되어 있으므로 잘 익혀 두어 어휘 문제에 대비하도록 한다.

- **주어(돈 / 수치)＋증감 동사(오르락 / 내리락)＋부사(팍팍 / 꾸준히 등등)**
  rise, increase, drop, fall   sharply, dramatically, substantially, considerably, remarkably, significantly, slightly, steadily

예제 16-1

Sales of the new product line have increased ------- since we put an advertisement in the media.

(A) substance (B) substances
(C) substantial (D) substantially

Step by Step
1. 빈칸 앞에 동사 have increased 가 나왔어.
2. 해석해보니 '판매량이 상승했다' 라는 뜻이야. 여기서 increase는 완전 자동사로 쓰였음을 알 수 있어.
3. 완전 자동사 뒤 빈칸은 부사 자리야.
4. 정답은 (D)!

예제 16-2

According to the accounting report, our quarterly revenue has risen -------.

(A) shortly (B) significantly
(C) widely (D) nearly

1. 보기가 전부 부사 보기야. 이 문제는 어휘 문제이구나.
2. 빈칸에 들어갈 부사는 has risen 을 꾸며주네. revenue는 수치와 관련된 표현이고, rise는 증감 동사야.
3. 보기 중 rising을 수식하기에 적절한 뜻의 어휘는 significantly 네.
4. 정답은 (B)!

예제 16-3

Since 2015, the number of people working in tourism-related industries has dropped -------.

(A) considerably (B) nearly
(C) wrongly (D) directly

✏️ 직접 풀이 과정을 쓰면서 문제를 풀어보세요.
1. (보기 분석) _____.
2. (수식 대상 찾기) _____.
3. 정답은 _____.

이것만은 꼭!

📍 -ly가 붙지 않는 형태의 부사

now 지금	quite 꽤, 상당히	else 또 다른	perhaps 아마, 어쩌면
soon 곧	ago ~ 전에	also 또한	too 또한
either ~도 또한	very 매우, 몹시	so 정말, 너무나	again 한 번 더, 다시
away 떨어져, 다른 데	apart 따로, 떨어져		

📍 형용사와 형태가 같은 부사

early 이른 / 초창기에	late 늦은 / 늦게	high 높은 / 높게	hard 어려운 / 열심히
daily 매일의 / 일일	well 건강한 / 잘	pretty 예쁜 / 매우	fast 빠른 / 빨리
far 먼 / 멀리	close 가까운 / 가까이	near 가까운 / 가까이	short 짧은 / 짧게, 부족하게
enough 충분한 / 충분하게	even 평평한 / ~조차, 훨씬	overseas 해외의 / 해외로	right 옳은 / 정확히
only 유일한 / 오직	alone 혼자 / 단독으로	still 고요한 / 아직도	

📍 -ly가 붙어 의미가 달라지는 부사

close 가까이	closely 밀접하게	high 높게	highly 매우
hard 열심히, 세게	hardly 거의 ~않다	just 딱, 정확히, 단지	justly 공정하게
late 늦게	lately 최근에	most 가장, 매우	mostly 주로
near 가까이	nearly 거의	short 짧게, 부족하게	shortly 곧

📍 명사 -ly가 붙으면 형용사가 된다.

cost 비용	costly 비용이 드는	friend 친구	friendly 친근한
love 사랑	lovely 사랑스러운	time 시간	timely 시기적절한
order 질서	orderly 질서 있는	leisure 여가	leisurely 한가로운
world 세상	worldly 세속적인	man 남자	manly 남자다운

한눈에 복습하는 부사

- 일반부사
- 빈도/부정부사
- 의문부사
- 접속부사

종류

형태
- 형용사+ly
- 기타 (soon, now, ago…)

부사

역할
- 동사 수식 (to부정사, 동명사)
- 형용사 수식
- 다른 부사 수식
- 문장 전체 수식

위치
- 동사/형용사 앞
- 완전한 절 뒤
- 동사 세트 사이
- 완전 자동사 뒤

Quick Quiz

다음 중 부사를 모두 고르세요.

1. (A) again   (B) soon   (C) possible   (D) dangerous
2. (A) therefore   (B) although   (C) however   (D) but
3. (A) consequent   (B) consequently (C) consequential   (D) consequence
4. (A) constant   (B) always   (C) often   (D) general
5. (A) costly   (B) worldly   (C) eventually   (D) timing
6. (A) only   (B) orderly   (C) lovely   (D) manly
7. (A) wealthy   (B) diversity   (C) late   (D) lately

정답 1. (A), (B) 2. (A), (C) 3. (B) 4. (B), (C) 5. (C) 6. (A) 7. (C), (D)

실전 감각 익히기

• Step by Step에 직접 풀이 과정을 쓰면서 문제를 풀어보세요.

1 Your signed agreement should be ------- submitted to us along with the enclosed survey.

(A) prompt
(B) prompted
(C) prompting
(D) promptly

2 The newly opened shopping mall is ------- located near the subway station so a lot of prospective customers can visit it.

(A) convenient
(B) convenience
(C) conveniences
(D) conveniently

3 The managing director of Total Cops spoke ------- about the hardships he faced.

(A) person
(B) personal
(C) personnel
(D) personally

4 Because the estimate for this year's renovation project is ------- written, the proposal should be postponed until further notice.

(A) wrong
(B) wrongly
(C) wrongful
(D) wronged

5 Tod Tours' revenues have increased ------- since their new package tour was introduced into the Asian market.

(A) remarks
(B) remarked
(C) remarkable
(D) remarkably

Questions 6-9 refer to the following e-mail.

To: nmarcello@gomail.com
From: csdept@greencleaning.com
Subject: Customer Satisfaction Survey Invitation

Dear Noah Marcello,

We wish to express our ------- (6.) thanks to you for choosing our service for your cleaning needs. Our priority is to provide the highest possible ------- (7.) of service. As part of our constant effort to serve you better, we would like to know how satisfied you are with our service. We value your candid opinion. It will be ------- (8.) used to improve our service. In order to start the survey, please go to our website, greencleaning.com. ------- (9.). Upon completion of the survey, you will receive a discount voucher by e-mail.

Thank you in advance for your time.

Best regards,
Green Cleaning Service

6 (A) sincere
(B) terrific
(C) private
(D) bright

7 (A) charge
(B) altitude
(C) level
(D) client

8 (A) actively
(B) activate
(C) active
(D) activity

9 (A) You could be the lucky winner.
(B) We learn from our mistakes.
(C) We are sorry for the delay.
(D) It takes less than 5 minutes.

Chapter 5 비교 구문

🏷 학습 목표

시험에 매달 나오지는 않지만, RC 지문을 제대로 해석하기 위해서라도 꼭 알아 두어야 하는 부분이다. Part 5&6 문법 문제에서도 가끔 1문제 정도 출제된다. 비교 구문에는 형용사와 부사가 활용되기 때문에, 형용사와 부사에 관한 지식이 잘 정리된 후에 공부해야 한다.

🏷 바탕 다지기

비교 구문으로 다른 대상과의 차이나 동등을 나타낼 수 있다. 둘 사이의 우열은 비교급, 셋 이상 사이의 최상위 또는 최하위를 나타낼 때는 최상급을 사용한다.

필수 개념 익히기

1. 원급 비교
형용사/부사의 원급을 이용하여 서로 다른 대상을 비교하는 구문이다.
원급 비교 구문을 강조하는 표현으로는 nearly, approximately, almost, around, just가 올 수 있다.

▶ **as + 원급 + as**: ~만큼 …한
This kitchen is **as large as** half the first floor and has a lot of natural light.
이 부엌은 일층 절반만큼 크며 채광이 좋습니다.

▶ **as + many 가산 명사 복수형 / much 불가산 명사 + as**: ~만큼 많은
The unexpected turn of events created **as many difficulties as** opportunities.
예기치 않은 사태의 변화는 기회만큼이나 많은 어려움을 만들었다.

▶ **not so[as] + 원급 + as**: ~만큼 …하지 않은
The trip was **not as good as** I expected. 그 여행은 내가 기대했던 것만큼 좋지 않았다.

▶ **as + 원급 + as possible**: 가능한 ~하게
Let's set up an interview with Mr. Carlberg **as soon as possible**.
가능한 한 빠르게 칼베르그 씨와 인터뷰를 잡읍시다.

▶ **배수 + as + 원급 + as**: ~보다 몇 배나 …한
Their gluten free products are **twice as expensive as** their competitors'.
그들의 무글루텐 제품은 경쟁자들 것보다 두 배나 비싸다.

2. 비교급

1) 1음절 형용사/부사는 단어에 -er을 붙인다. 비교 대상은 than으로 나타낸다.

quick → quicker 더 빠른	soon → sooner 더 빨리	long → longer 더 긴

This wooden coffee table is **older** than you are. 이 나무 커피 테이블은 너보다 더 오래되었다.

2) 2음절 이상의 형용사/부사 대부분은 앞에 more를 쓴다. 열등 비교는 less를 쓴다.
Research is underway to develop a **more durable** bike.
더 내구성이 좋은 자전거를 개발하기 위해 연구가 진행 중이다.
Home Mart has decided to shut down some **less profitable** stores.
홈 마트는 수익이 덜한 지점 몇몇을 닫기로 결정했다.

3) 비교급 강조 표현으로는 much, even, still, a lot, far가 올 수 있다.
In the second part of the book, things get **a lot more interesting**.
책 2부에서는, 상황이 훨씬 더 흥미로워진다.

4) 기타 비교급 구문

▶ the 비교급 + 주어 + 동사, the 비교급 + 주어 + 동사: ~할수록, 더 ~하다

The more you try, **the more** you succeed. 더 많이 도전할수록, 더 많이 성공한다.

▶ the 비교급 of the two ~: 둘 중에서 더 ~한

Ms. Wilson is **the more experienced** of the two candidates.
윌슨 씨는 두 후보자 중에서 더 경험이 많다.

▶ 비교급 and 비교급: 점점 더 ~한

He pushes his team members **harder and harder**. 그는 팀원들을 점점 더 세게 몰아붙인다.

3. 최상급

1) 1음절 형용사/부사는 원급 뒤에 -est를 붙여 최상급을 만든다. 최상급 앞에는 the를 붙인다.

wide → widest 가장 넓은	fine → finest 가장 질 좋은	cheap → cheapest 가장 싼

Macy Mills is considered to be one of **the finest** fabric manufacturers in the country.
메이시 밀즈는 국내에서 가장 뛰어난 원단 제조업체 중 하나로 여겨진다.

2) 2음절 이상의 형용사/부사 대부분은 앞에 the most를 쓴다.

This is **the most useful** tool for small business. 이것은 소기업을 위한 가장 유용한 도구이다.

3) much, the very, even, by far, single은 앞에서, ever, possible은 뒤에서 최상급을 강조한다.

World IT Expo is **by far the most important** event that **we've participated in**.
월드 IT 엑스포는 우리가 참여했던 단연코 가장 중요한 행사이다.

4) 기타 최상급 구문

▶ the + 서수 + 최상급: ~번째로 가장 ~한

It is **the second most popular** tourist destination in the world.
그것은 세계에서 두 번째로 가장 인기 있는 관광지이다.

▶ one[some] of the + 최상급 + 복수 명사: 가장 ~한 것 중 하나[일부]

Sugar Spoon is **one of the best desert shops** in our town.
슈가 스푼은 우리 동네에서 가장 뛰어난 디저트 가게 중 하나이다.

---

vocabulary

natural light 자연광   **free** (~이) 없는   **competitor** 경쟁자   **underway** 진행 중인   **durable** 내구성이 좋은
profitable 수익성이 있는   **candidate** 후보자   **manufacturer** 제조업체   **destination** 목적지

출제 핵심 패턴 익히기

17. as ~ as 사이와 more 뒤는 원급 자리이다.

빈칸 앞뒤에 as, as가 있거나 빈칸 앞에 more만 있다면 보기에서 원급만 남긴다.

그 후 'as ~ as', 'more + 빈칸' 구문이 완전한 절 뒤라면 부사를, 불완전한 절이나 2형식 동사(be동사, become, remain, seem 등) 뒤라면 형용사를 고른다.

문장 구조 파악이 어렵다면, 빈칸 뒤에 명사가 있는 경우 'more + 형용사'라고 외워 둘 것. 특히 **보기 중 비교급, 최상급 표현이 단 한 개라도 있다면, 그 중 답이 있는지 우선 확인하는 습관을 갖도록 한다.**

또한 the 뒤에 비교급이 오는 표현들을 잘 익혀두어 비교급 자리에 최상급을 고르는 실수를 피해야 한다.

예제 17-1
Old office equipment including the photocopier has to be replaced as ------- as possible in order to increase productivity.

(A) prompt
(B) promptly
(C) prompting
(D) prompter

Step by Step
1. 빈칸 앞뒤에 as가 왔으니 'as 원급 as' 문제야.
2. 보기에서 형용사 원급 (A)와 부사 원급 (B)를 정답 후보로 남겨두자.
3. 비교 표현 앞에는 be replaced가 나왔는데 3형식 동사의 수동태라 목적어나 보어를 필요치 않으니 빈칸 앞은 이미 완벽한 절이야.
4. 정답은 (B)!

예제 17-2
Carl Dylan hopes his new book gets more ------- responses from the public.

(A) enthusiasm
(B) enthusiastic
(C) enthusiastically
(D) enthusiast

1. 빈칸 앞에 more이 왔으니 'more + 원급' 형태의 비교급 구문이네.
2. 빈칸 뒤에 명사 responses가 나왔으니 형용사 원급이 들어갈 자리겠구나.
3. 정답은 (B)!

예제 17-3
Unfortunately, sales of the new SUV developed by Sejong Autos are ------- lower than expected.

(A) much
(B) more
(C) as
(D) evenly

1. 빈칸 뒤에 비교급 lower가 나왔고 보기는 모두 부사야.
2. 그럼 빈칸에 들어갈 말은 비교급을 수식해주는 부사야.
3. 정답은 (A)!

예제 17-4
Top Electronics' new smartphone is far ------- than competitors' products.

(A) thin
(B) thinly
(C) thinner
(D) thinnest

✏️ 직접 풀이 과정을 쓰면서 문제를 풀어보세요.
1. (보기 분석) _____.
2. (빈칸 뒤) _____.
3. 정답은 _____.

18. 복수 집단 표현, 넓은 장소 표현, 현재완료는 최상급의 단서이다.

빈칸 정답이 최상급일 때, 문장 안에 셋 이상을 나타내는 단서가 하나는 나오게 되어 있다. among + 복수 명사, of + all/3 이상 숫자, in + 장소/분야, 현재완료와 같은 최상급 자리 단서를 눈여겨봐라. 마찬가지로 보기 중 비교급, 최상급 표현이 단 한 개라도 있다면, 그 비교 표현이 답이 되는지 우선 확인해야 한다.

예제 18-1
The financial forum offers an opportunity to learn about the ------- economic issues and trends in the field.

(A) late (B) lately
(C) later (D) latest

 **Step by Step**

① 보기에 비교급 (C)와 최상급 (D)가 있네. 그럼 이 두 보기 중 답이 되는 것이 있나 먼저 보자.
② in the field라는 표현은 수많은 비교 대상을 가리키는 최상급 단서야. 그러니 비교급 대신 최상급 표현이 오는 게 적절하겠다.
③ 정답은 (D)!

예제 18-2
Of all educational institutes in Korea, the ------- is the Eternal Faculty Group.

(A) large (B) larger
(C) largest (D) largely

① 보기 중 비교급 (B)와 최상급 (C) 표현이 있네. 그럼 이 둘 중에 답이 되는 것이 있는지 먼저 확인해 보자.
② 문제에 나온 복수 집단 표현(of all ~)은 최상급 단서야.
③ 정답은 (C)!

예제 18-3
That marble sculpture is ------- the most popular artwork in Renwick Gallery.

(A) by far (B) more
(C) than (D) never

① 빈칸 뒤에 최상급 표현 the most popular가 왔네.
② 주어진 문장은 주어, 동사, 주격 보어까지 다 갖춘 완전한 문장이니, 빈칸에는 최상급을 앞에서 강조할 부사가 들어가야 하겠다.
③ 정답은 (A)!

예제 18-4
Delphine is scheduled to release a watch for divers, which is the lightest ------- in the world in December.

(A) very (B) even
(C) quite (D) ever

✎ 직접 풀이 과정을 쓰면서 문제를 풀어보세요.
① (빈칸 뒤) _____.
② (보기 분석) _____.
③ 정답은 _____.

Chapter 5 비교 구문 **061**

이것만은 꼭!

📍 불규칙하게 변하는 비교급/최상급

good 좋은, well 잘 – better – best	little 조금의 / 조금 – less – least
many, much 많은 – more – most	bad 나쁜 – worse – worst
far 먼 / 멀리 – farther – farthest (거리) – further – furthest (정도, 양, 시간)	late 늦은 – later – latest (시간이 늦은) – latter – last (순서가 나중인)
old 나이 많은 – older – oldest (나이 든) – elder – eldest (가족 – 손윗사람)	

📍 단어 자체에 비교 의미가 있는 형용사

superior 더 우월한	inferior 더 열등한	senior 손위의	junior 손아래의
prior 사전의, 우선하는	anterior 앞의	posterior 뒤의	preferable 더 나은

NOTE 단어 자체에 비교 의미가 있는 형용사는 비교 대상을 나타낼 때 than 대신 to를 쓴다.
단어 자체가 비교급이므로 비교급, 최상급을 만들 수 없다.

📍 no 비교급 than vs. not 비교급 than

no more than(=as little as) 10kg 딱 10kg	not more than 10kg 10kg 이하
no less than(=as much as) 10kg 딱 10kg	not less than 10kg 10kg 이상

📍 비교급/최상급 관용 표현

sooner or later 조만간	no longer 더 이상 ~않다
no sooner than ~하자마자	no later than 늦어도 ~까지는
at the earliest 일러도	at the latest 아무리 늦어도
at (the) most 기껏해야	at one's best 가장 좋은 상태에, 한창때인
as good as ~나 다름없는	at one's earliest convenience 형편 닿는 대로 빨리
as long as ~하는 한	

한눈에 복습하는 비교 구문

- 형태: -er / more + 원급
- 강조표현: much, even, still, a lot, far
- the 비교급 + 주어 + 동사, the 비교급 + 주어 + 동사
- the 비교급 of the two
- 비교급 and 비교급

- as + 원급 + as • not so[as] + 원급 + as
- as + 원급 + as possible
- 배수 + as + 원급 + as

- 형태: -est / the most + 원급
- 강조표현:
  [앞] even, by far, single
  [뒤] ever, possible
- the + 서수 + 최상급
- one[some] of the + 최상급 + 복수 명사

Quick Quiz

📍 빈칸에 알맞은 것을 고르세요.

1. The merger wasn't as (lucrative / more lucrative) as expected.

2. Demand for premium service is (much / more) higher than it used to be.

3. The (earlier / earliest) you make your reservation, the better your chances are of getting a good seat.

4. Emerson Shoes is one of the (largely / largest) shoes stores in town.

5. The repair should be started as soon as (possibly / possible).

6. There is a need for (much / more) adequate means of protecting copyright.

7. The hotel is close to Yosemite, the (more / most) famous of the two parks.

8. The shopping mall is in the (three / third) most populous city in Asia.

정답 1. lucrative 2. much 3. earlier 4. largest 5. possible 6. more 7. more 8. third

실전 감각 익히기

- Step by Step에 직접 풀이 과정을 쓰면서 문제를 풀어보세요.

1 Business groups said it is necessary to create a far ------- climate for investments.

(A) favorable
(B) more favorable
(C) favorably
(D) more favorably

2 This year's fundraising event is to help build an eco-friendly plant outside New York, so the city committee expects to have ------- more supporters.

(A) a lot
(B) such
(C) very
(D) therefore

3 Since this is the ------- year in the company's history, all employees will be rewarded with massive bonuses.

(A) most profitable
(B) more profitable
(C) most profitably
(D) more profitably

4 Thanks to fingerprint scanners, the attendance system operates more efficiently ------- before.

(A) however
(B) in order to
(C) than
(D) while

5 Wide Solutions' program is considered as ------- as those of the three other companies that are popular among users.

(A) effective
(B) effectively
(C) more effective
(D) effect

Questions 6-9 refer to the following advertisement.

Kings County Fair

It is that time of the year again! The annual Kings County Fair is just around the corner and this year will be ------- better than ever!
6.

Kings County Fair ------- a community tradition since it first started in 1992. Every fall, for the -------
7.   8.
month of October, the Cornwall Riverside Park is a fun-packed place for families and friends to come out for a picnic and ride in the Ferris wheel or merry-go-round.

-------. You'll find the best tacos, burritos, burgers and hotdogs in town!
9.

So grab your children and come on out! Admission to the park during the fair is completely FREE!

6
(A) very
(B) quite
(C) even
(D) near

7
(A) becomes
(B) became
(C) will become
(D) has become

8
(A) entire
(B) entirely
(C) entirety
(D) entireness

9
(A) You are not allowed to bring your own food into the building.
(B) Agricultural communities are ready to provide a wide range of alternative foods.
(C) Local restaurants will bring out their trucks to serve food and drinks.
(D) Local fine restaurants are looking for experienced staff to serve their customers.

Chapter 6 동사&준동사

학습 목표

동사 문제는 다양한 형태로 매달 Part 5&6에 출제된다. 동사 문제에서 함정에 빠지지 않기 위해서는 문제가 동사 문제(주어-동사 일치, 태, 시제를 묻는 문제)인지, 품사별 자리 찾기 문제인지를 먼저 구별할 수 있어야 한다.

토익 시험에서는 보기가 모두 정동사인 경우에만 처음부터 동사 문제로 시작할 수 있다. 단 하나라도 동사가 아닌 보기가 섞여 있다면, 이때는 빈칸이 동사 자리가 아닐 확률도 있다. 그래서 동사와 준동사 부분을 같이 학습한 후 실전 문제를 다루어야 토익에 나오는 동사 및 준동사 문제를 해결할 수 있다.

Chapter 6에서는 동사와 준동사 자리를 구별하는 기술과 기초적인 동사의 문법 및 기출 문제의 패턴 등을 익힌다.

바탕 다지기

동사는 어떤 대상의 움직임이나 상태를 나타내는 말이다. 동사의 형태는 주어의 인칭과 수, 문장의 시제와 태에 따라 달라진다. 부사(구)의 수식을 받거나 조동사의 도움을 받기도 한다.

준동사는 동사에 준하는 말이다. 동사원형 앞에 to를 붙여 만든 to부정사, -ing를 붙여 만든 동명사, 현재분사, -ed를 붙여 만든 과거분사가 준동사에 속한다. 동사는 아니지만, 동사의 성질 중 일부가 남아있다.

talk

work

walk

sleep

필수 개념 익히기

1. 주어와 동사의 수 일치

1) 주어가 단수이면 동사도 단수형, 주어가 복수이면 동사도 복수형이 와야 한다.

   The IT team has a workshop on Friday, January 9.
   　　단수 주어　　단수 동사
   IT 팀은 1월 9일 금요일에 워크샵이 있다.

2) 주어를 수식하는 구나 절은 수 일치에 영향을 주지 않는다.

   Ticket prices [for the football game] **are** quite reasonable. ※ game에 수 일치 하지 않도록 주의
   　복수 주어　　　주어를 수식하는 전치사구　복수 동사
   미식 축구 경기 입장권 값은 꽤 합리적이다[저렴하다].

   The problem [that was mentioned several times] **is** still unresolved. ※ times에 수 일치 하지 않도록 주의
   　단수 주어　　　주어를 수식하는 절　　　　　단수 동사
   여러 차례 언급되었던 그 문제는 여전히 해결되지 않았다.

3) 동명사, to부정사, 명사절 주어는 단수 취급한다.

   Painting an entire house takes a day or two. 집 전체를 칠하는 것은 하루에서 이틀정도 걸린다.
   　　주어: 동명사구　　　　단수 동사
   What I really need is your support. 내가 정말 필요로 하는 것은 너의 지지이다.
   　　주어: 명사절　　단수 동사

4) 'there / here + be동사'는 뒤에 오는 명사에 수 일치한다.

5) most / half / some of 등 부분을 나타내는 표현은 뒤에 오는 명사에 수 일치한다.

   NOTE 과거, 미래 시제 동사는 단/복수 주어 모두와 사용할 수 있다.

2. 시제

상태나 동작이 발생하는 시점을 동사의 시제로 나타낸다.

	현재	과거	미래
기본형	동사원형 ※ 3인칭 단수 현재형: 동사원형 -(e)s	동사원형 -(e)d ※ 불규칙 과거형도 있음	will + 동사원형 be going to + 동사원형
진행형	am/are/is + v-ing	was/were + v-ing	will be + v-ing
완료형	have/has + v-ed	had + v-ed	will have + v-ed
완료진행형	have/has been + v-ing	had been + v-ing	will have been + v-ing

1) 현재: 현재 상황이나 상태, 반복되는 행동, 일반적인 사실

▶ 현재 시제와 어울리는 표현

always 항상	often 종종	regularly 규칙적으로	every / each 매, ~마다
typically 보통	normally 보통	commonly 흔히	routinely 일상적으로

Making furniture **requires** some special tools you normally **don't use**. 일반적으로 일어나는 일: 현재 시제
가구 만들기는 당신이 평소에 사용하지 않는 특별한 도구들을 필요로 한다.

The special menu **changes** every day. 매일 반복되는 행동: 현재 시제
특별 메뉴는 매일 바뀐다.

NOTE 현재 시제로 확실한 미래 일을 나타낼 수도 있다.

2) 과거: 과거 상태나 동작

▶ 과거 시제와 어울리는 표현

yesterday 어제	last year 작년에	2 days ago 이틀 전에	then 그때
originally 원래	previously 이전에	formerly 예전에	initially 처음에는

Mr. Adams **left** his position as chief engineer last year. 구체적인 과거(작년): 과거 시제
애덤스 씨는 작년에 최고 기술자 자리를 떠났다.

The biologist formerly **taught** at the University of Michigan. 명백한 과거(이전에): 과거 시제
그 생물학자는 예전에 미시간 대학교에서 가르쳤다.

3) 미래: 미래에 발생할 일

▶ 미래 시제와 어울리는 표현

tomorrow 내일	next ~ 다음 ~	shortly 곧	soon 곧
as of / starting / beginning + 미래 시점 ~부터 시작하여				
hope / expect / anticipate / predict + (that) + 주어 + 미래 시제 ~하기를 바라다/예상하다				

The store **will reopen** next Monday. 명백한 미래(next Monday): 미래 시제
다음 월요일에 그 가게는 다시 문을 열 것이다.

필수 개념 익히기

4) 현재진행형: 현재 진행 중인 일

▶ 현재진행형과 어울리는 표현

| now 지금 | currently 현재 | presently 지금 |

She **is answering** the phone **now**. 지금(now) 진행 중인 일: 현재진행형
그녀는 지금 전화 받고 있다.

NOTE 현재진행형으로 확실한 미래 일을 나타낼 수도 있다.

5) 과거진행형: 과거에 진행 중이던 일

When I called you, I **was having** trouble logging in to my email account. 과거(called)에 진행 중이었던 일: 과거진행형
제가 당신에게 전화 드렸을 때, 저는 이메일 계정 접속에 어려움을 겪고 있었습니다.

6) 미래진행형: 미래에 진행되고 있을 일

I'll **be waiting** for you at the arrivals area. 미래에 진행 중일 일: 미래진행형
제가 도착장에서 당신을 기다리고 있을 겁니다.

7) 현재완료: 과거에 일어나 현재까지 영향을 미치는 일

▶ 현재완료와 어울리는 표현

just 지금, 막, 꼭	consistently 끊임없이	constantly 지속적으로	since ~이후로
ever 언젠가	once 한 번	so far 지금껏	
in / over / for / for the last[past] + 기간 지난 ~동안			

NOTE already(이미, 벌써), just(막, 방금), recently(최근에)는 과거 시제, 현재완료 둘 다와 어울린다.

Some participants **have** already **expressed** their disappointment. 현재에 영향을 미치는 과거 일
몇몇 참가자들은 이미 실망감을 표현했다. : 현재완료

8) 과거완료: 과거 한 시점보다 먼저 일어나 그때까지 영향을 미치는 일, 혹은 과거의 한 시점보다 더 오래된 과거의 일(대과거)

Mr. Simon told me what he **had done**. 과거사건(told)보다 이전에 발생한 일: 과거완료
사이먼 씨는 그가 했던 일을 나에게 말했다.

9) 미래완료: 미래 특정 시점까지 완료될 일

▶ 미래완료와 어울리는 표현

| by + 미래 시점 ~까지 | by the time + 주어 + 현재시제, 주어 + 미래완료 ~할 때까지 …할 것이다 |

By the time you finish the training course, your perspective **will have changed**.
_{미래 시점(by the time you finish)에 완료되었을 일: 미래완료}
당신이 훈련 과정을 마칠 무렵, 당신의 관점은 달라져 있을 것이다.

9) 주의해야 할 시제 일치

▶ 시간 부사절과 조건 부사절에서는 현재 시제가 미래 시제를 대신한다. Chapter 8 접속사(1) 참고

시간 부사절	when ~할 때 until ~까지	while ~하는 동안 as soon as ~하자마자	after ~ 후에	before ~ 전에
조건 부사절	if ~라면	unless ~하지 않는 한	as long as ~하는 한	once 일단 ~하면

Please let us know [when you **make up** your mind].
_{시간 부사절: 아직 일어나지 않은 미래 일을 현재시제로 표현}
결정하시면 우리에게 알려주세요.

▶ 제안, 충고, 주장, 요구, 명령을 의미하는 동사, 의무를 나타내는 형용사 뒤에 오는 that절에는 '(should) + 동사원형'을 쓴다.

suggest 제안하다 / advise 충고하다 / recommend 권고하다 / insist 주장하다 / urge 주장하다 / ask 요청하다 / demand 요청하다 / require 요구하다 / request 요청하다 / instruct 지시하다	that + 주어 + (should) + 동사원형
important 중요한 / imperative 반드시 해야 하는 / essential 필수적인 / vital 중요한 / compulsory 의무적인	

NOTE suggest가 '암시하다, 시사하다'라는 뜻일 때는 that절에 동사원형을 쓰지 않는다.

The traffic report **recommended** that we (should) **take** an alternative route.
_{과거에 권한 내용이지만, 제안하는 동사 recommended 뒤 절이므로 took 대신 take}
교통 정보는 우리가 대안 경로로 갈 것을 권했다.

필수 개념 익히기

3. 태

주어가 동작의 주체일 때 능동태, 동작의 대상일 때 수동태로 표현한다.

수동태 문장에서 동작의 주체는 생략하거나 'by + 목적격'으로 나타낸다.

NOTE 자동사는 목적어를 취하지 않으므로 수동태로 쓸 수 없다.

1) 3형식 문장(주어 + 동사 + 목적어) 수동태의 기본형은 be + v-ed이다.

The airline **canceled** my flight due to bad weather.
   능동태: 주어(the airline)가 취소(cancel)의 주체
항공사에서 나쁜 날씨 때문에 내 항공편을 취소했다.

My flight **was canceled** due to bad weather.
   수동태: 주어(My flight)가 취소(cancel)의 대상
나쁜 날씨 때문에 내 항공편이 취소되었다.

2) 4형식 문장(주어 + 동사 + 간접목적어 + 직접목적어) 수동태는 목적어가 남아 있을 수 있다.

3형식 동사는 목적어가 하나이므로 한 개의 수동태만 만들지만, 4형식 동사는 간접목적어와 직접목적어를 각각 주어로 하는 수동태 문장을 만들 수 있다.

4형식 문장의 수동태에서는 수동태 동사 뒤에 목적어가 남아 있을 수 있음에 유의해야 한다.

We **gave** Emerson the task of organizing the guest list.
  능동태   간접목적어   직접목적어
우리는 에머슨에게 손님 명단을 정리하는 과제를 주었다.

Emerson **was given** the task of organizing the guest list. [간접목적어가 주어가 된 수동태]
         수동태   ※ 수동태 동사 뒤에 직접목적어가 남음
에머슨은 손님 명단을 정리하는 과제를 받았다.

The task of organizing the guest list **was given** to Emerson. [직접목적어가 주어가 된 수동태]
                                        수동태
손님 명단을 정리하는 과제는 에머슨에게 주어졌다.

4. 분사

분사는 동사를 변형하여 형용사처럼 쓸 수 있게 만든 것이다.

1) 현재분사(v-ing)와 과거분사(v-ed)

현재분사는 능동, 진행의 의미가 있고, 과거분사는 수동, 완료의 의미가 있다.

2) 분사는 명사를 꾸며주거나, 주격 보어, 목적격 보어 역할을 한다.

▶ 명사 수식

Mr. Kim is known for being a **demanding** supervisor. 상사가 까다로운 사람이므로 능동의 -ing

김 씨는 까다로운 직장 상사로 알려져 있다.

We will exchange defective items **purchased** at our store. 제품이 구매된 것이므로 수동의 -ed

저희 상점에서 구매되어진 불량품을 교환해드릴 것입니다.

▶ 주격 보어

Early customer feedback is **encouraging**.
　주어　　　　　　　　　주격 보어

초기 고객 피드백은 고무적이다.

▶ 목적격 보어

I found his stories **amazing**.
　　목적어　　목적격 보어

나는 그의 이야기가 놀랍다고 생각한다.

3) 감정 관련 동사의 분사

▶ 현재분사: 감정 '유발' – 과거분사: 감정 '상태'

disappoint 실망시키다	disappointed 실망한	disappointing 실망하게 하는	exhaust 지치게 하다	exhausted 기진맥진한	exhausting 진을 빼는
annoy 짜증나게 하다	annoyed 짜증이 난	annoying 짜증나게 하는	embarrass 당황하게 하다	embarrassed 난처한, 당황한	embarrassing 난처하게 하는
confuse 혼란하게 하다	confused 혼란스러운	confusing 혼란시키는	satisfy 만족시키다	satisfied 만족해하는	satisfying 만족감을 주는

필수 개념 익히기

5. to부정사

to부정사는 동사원형 앞에 to를 붙여서 만든다.

1) to부정사는 명사, 형용사, 부사로 쓰일 수 있다.

▶ 명사: ~하는 것

The residents want **to build a park**. 동사 want의 목적어
주민들은 공원을 조성하고 싶어한다.

▶ 형용사: ~하는

They have an ambitious plan **to build a park**. 명사구 an ambitious plan을 수식
그들은 공원을 조성하겠다는 야심 찬 계획을 갖고 있다.

▶ 부사: ~하기 위해

The money should be used **to build a park**. 동사구 should be used를 수식하여 목적을 나타냄
그 돈은 공원을 조성하기 위해 사용되어야 한다.

2) 토익에 자주 나오는 to부정사 표현

▶ 동사 + to부정사

want + to부정사 ~하는 것을 원하다	need + to부정사 ~하는 것이 필요하다
hope + to부정사 ~하기를 희망하다	decide + to부정사 ~하기로 결정하다
plan + to부정사 ~하기로 계획하다	fail + to부정사 ~하는 것에 실패하다

▶ 명사 + to부정사

opportunity + to부정사 ~할 기회	plan + to부정사 ~할 계획
effort + to부정사 ~하려는 노력	attempt + to부정사 ~하려는 시도

▶ to부정사를 목적격 보어로 취하는 동사

expect + 목적어 + to부정사 (목적어)가 (to부정사)하기를 기대하다	allow + 목적어 + to부정사 (목적어)가 (to부정사)하는 것을 허락/허가하다
tell + 목적어 + to부정사 (목적어)가 (to부정사)하라고 말하다	ask/require/request/advise + 목적어 + to부정사 (목적어)가 (to부정사)하기를 요청/요구/조언하다

6. 동명사

동명사는 동사원형 뒤에 -ing를 붙여 만든다.

1) 동명사는 명사처럼 주어, 목적어, 보어 자리에 올 수 있다.

▶ 주어

[**Enhancing** the level of service] is important. 동명사 주어는 단수 취급
서비스 수준을 향상하는 것은 중요하다.

▶ 목적어

Do you mind **sending** me the photo? mind의 목적어
그 사진을 보내주실 수 있나요?

▶ 보어

Our top priority is **making** sure that all employees are safe. 주어 Our top priority의 보어
우리의 최고 우선순위는 모든 직원들이 반드시 안전하도록 하는 것이다.

2) 토익에 자주 나오는 동명사 표현

▶ 동사 + 동명사

finish + 동명사 ~하는 것을 끝내다	enjoy + 동명사 ~하는 것을 즐기다
consider + 동명사 ~하는 것을 고려하다	keep + 동명사 ~하는 것을 계속하다
recommend + 동명사 ~하는 것을 추천하다	suggest + 동명사 ~하는 것을 제안하다

▶ 전치사 + 동명사

look forward to + 동명사 ~하기를 기대하다	contribute to + 동명사 ~하는 데에 기여하다
be accustomed to + 동명사 ~하는 것에 익숙하다	be used to + 동명사 ~하는 데에 익숙하다
when it comes to + 동명사 ~하는 것에 관한 한	object to + 동명사 ~하는 데에 반대하다

vocabulary

reasonable 합리적인, 저렴한   mention 언급하다   unsolved 해결되지 않은   support 지지   require 요구하다
chief 최고의   answer the phone 전화 받다   participant 참가자   disappointment 실망   perspective 관점
make up one's mind 결심하다   alternative 대체의   due to ~때문에   task 과제   organize 정리하다, 조직하다
demanding 까다로운, 힘든   defective 결함이 있는   ambitious 야심 찬   enhance 향상하다   priority 우선순위

출제 핵심 패턴 익히기

19. 보기에 동사와 준동사가 섞여 있을 땐 자리 확인부터 한다.

보기에 동사, to부정사, 분사, 동명사가 섞여 있다면, 빈칸이 동사 자리가 맞는지 확인부터 해야 한다.

NOTE 동사 개수 = 접속사 개수 + 1

빈칸이 동사 자리가 맞다면, 주어 - 동사 수 일치, 태, 시제 확인을 순차적으로 한다. 3형식 동사는 능동태일 때만 뒤에 목적어가 나오지만 4형식 동사(수여 동사)는 수동태여도 뒤에 사물 명사 목적어가 나올 수 있다.

NOTE 대표적인 4형식 동사: give, offer, send, bring, lend, grant, reward

예제 19-1

Management requested that all new workers ------- the orientation at 10 AM.

(A) attend
(B) attending
(C) to attend
(D) attends

Step by Step

1. 보기에 동사와 준동사가 섞여 있으니 빈칸이 동사 자리인지부터 확인해 봐야겠다.
2. 빈칸이 속한 that절 안에 동사가 없으니 빈칸은 동사 자리이네. 준동사 (B), (C) 삭제.
3. request는 제안, 충고, 주장, 요구, 명령을 의미하는 동사 중 하나야. 이런 동사 뒤의 that절에는 동사 원형이 나와.
4. 정답은 (A)!

예제 19-2

The report says that half of senior students ------- the annual career fair last week.

(A) attended
(B) was attended
(C) attends
(D) to attend

1. 준동사와 동사가 보기에 섞여 있으니 빈칸 자리부터 확인하자.
2. 빈칸이 속한 that절에 동사가 없으니 빈칸에는 동사가 필요해. 준동사 (D) 삭제.
3. that절의 주어 half of senior students는 복수이니 단수 동사 (C)는 오답.
4. attend는 3형식 동사인데, 빈칸 뒤에 목적어가 왔으니 능동태야.
5. 정답은 (A)!

예제 19-3

Maximo Manufacturing Company ------- the price without compromising product quality.

(A) reduced
(B) to reduce
(C) reducing
(D) reduce

✏️ 직접 풀이 과정을 쓰면서 문제를 풀어보세요.

1. (빈칸 자리 분석) _____.
2. (수 일치) _____.
3. 정답은 _____.

20. 시제 일치 단서는 부사, 종속절/주절 시제이다.

yesterday, 2 days ago, since, soon 등의 단순 부사 표현으로 시제를 고르거나 종속절, 주절 시제를 참고하여 적절한 시제를 골라야 한다. 역으로 문장의 시제를 보고 적절한 부사를 고르는 어휘 문제가 출제될 수도 있다.

예제 20-1

Since Mr. Brockson ------- our company, overall profits have increased steadily.

(A) is joined (B) joining
(C) joined   (D) join

Step by Step
1. Since가 이끄는 절에 동사가 없으므로, 빈칸은 동사 자리네.
2. 주어 Mr. Brockson은 단수인데 (D)는 복수 동사이니 탈락.
3. join은 3형식 동사인데 빈칸 뒤에 목적어 our company가 나왔으므로 능동태가 필요해. 수동태 (A) 삭제.
4. 주절 시제가 현재완료이므로, 종속절은 'since + 과거 시제'여야 해.
5. 정답은 (C)!

예제 20-2

Until the restoration of the historic building is completed, no visitors ------- to enter the site.

(A) allowed   (B) allow
(C) allowing   (D) will be allowed

1. 빈칸이 속한 주절에 동사가 없으므로 빈칸은 동사 자리야. 준동사 (C) 삭제.
2. 남은 동사 보기 모두 복수 주어 no visitors와 사용할 수 있어.
3. allow는 3형식 동사인데 빈칸 뒤에 목적어가 나오지 않고 전치사 to로 막혔네. 그러면 빈칸은 수동태 동사 자리구나.
4. 시간/부사절 시제가 현재라면, 주절의 시제는 미래여야 하지.
5. 정답은 (D)!

예제 20-3

Over the past 2 weeks, KM Motors' directors ------- the details of the contract extension.

(A) analysis   (B) are analyzed
(C) will analyze   (D) have analyzed

1. 문장에 동사가 없으므로 빈칸은 동사 자리야. 명사 (A) 삭제.
2. 남은 보기 동사들 모두 복수 주어 directors와 어울릴 수 있어.
3. 빈칸 뒤에 목적어가 왔으니 빈칸에 들어갈 동사는 능동태여야 해.
4. 'over + 기간'은 현재완료와 어울려.
5. 정답은 (D)!

출제 핵심 패턴 익히기

예제 20-4

In an effort to attract potential clients, Areumnuri Cosmetic ------- provides patrons with discount vouchers.

(A) periodically
(B) soon
(C) recently
(D) initially

Step by Step

1. 보기는 모두 부사이니 어휘 문제야.
2. 빈칸은 동사 앞 부사 자리니 동사를 꾸며줄 부사를 고르는 문제네.
3. 동사 provides는 현재형이야. 현재 시제는 일상적인 일을 표현하는 시제이지. 보기 중 현재 시제와 어울리는 부사는 '정기적으로'라는 뜻의 (A)야.
4. 정답은 (A)!

예제 20-5

The executive recommended that new employees ------- a training course to cope with difficulties arising during work.

(A) are taking
(B) took
(C) had taken
(D) take

1. 보기는 모두 동사이므로 곧바로 수 일치, 태, 시제를 확인하자.
2. 빈칸은 that절이 이끄는 종속절에 속해 있어. 그런데 that절 앞에 동사 recommended가 나왔네. 제안, 충고, 주장, 요구, 명령을 의미하는 동사 뒤의 that절에는 '동사원형'이 나와야 해.
3. 정답은 (D)!

예제 20-6

Primetime Shipping ------- to meet the needs of international exporters ever since its foundation in 2015.

(A) has endeavored
(B) endeavors
(C) will endeavor
(D) is endeavoring

✏️ 직접 풀이 과정을 쓰면서 문제를 풀어보세요.

1. (보기 분석) _____.
2. (수 일치) _____.
3. (태 확인) _____.
4. (시제 확인) _____.
5. 정답은 _____.

21. 준동사는 동사 자리에 올 수 없다.

보기에 준동사 보기와 동사 보기가 섞여 있는데 빈칸이 동사 자리가 아니라면 준동사 중 적합한 것을 고른다.
to부정사의 용법 중에서는 부사적 용법이 가장 자주 출제된다. 부사적 용법으로 쓰인 to부정사(~하기 위하여)는 완전한 절 맨 뒷부분이나 맨 앞에 나온다.
관용 표현과 결합한 어휘 문제로도 종종 출제되니 어휘 학습에서 놓치지 말 것.

NOTE 'in order to 동사원형'은 토익에 가장 많이 나온 to부정사 표현이다.

분사 문제는 주로 수식하는 자리에 나온다. 형용사와 달리 명사 앞/뒤에서 수식해줄 수 있음을 기억하라. **수식하는 명사와 능동 관계이면 -ing, 수동 관계이면 -ed이다.**

예제 21-1

Typhoon Development plans to acquire a rival company to ------- its market share in Asia.

(A) increase   (B) increasing
(C) increased   (D) increases

① 보기에 동사와 준동사 보기가 섞여 있으니 빈칸 자리를 확인하자.
② 이미 문장에는 주어 Typhoon Development, 동사 plans, 목적어 to require ~ company가 다 갖춰져 있네. 그럼 빈칸은 수식어 역할을 하는구나.
③ 빈칸 앞에 나온 to와 함께 to부정사를 만들어 부사로 사용될 수 있는 동사원형이 필요해.
④ 정답은 (A)!

예제 21-2

Participants were asked to return the ------- survey in two weeks.

(A) to complete   (B) completely
(C) completed   (D) completing

① 보기에 동사와 준동사 보기가 섞여 있으니 빈칸 자리 먼저 확인하자.
② 빈칸 앞에는 관사 the가, 뒤에는 명사 survey가 왔으니 빈칸은 형용사 자리야.
③ 보기 중 형용사로 쓰일 수 있는 것은 과거분사(C), 현재분사(D)가 있어.
※ to부정사는 명사 뒤에서만 수식!
④ survey(설문지)와 complete(완료하다)의 관계를 확인해보자. 설문지가 수동적으로 완료된 것이니 과거분사가 수식해야 하겠다.
⑤ 정답은 (C)!

이것만은 꼭!

📍 by 외에 다른 전치사와 결합하는 수동태

be interested in ~에 관심이 있다	be involved in ~에 연관되다	be covered with ~로 덮여 있다
be filled with ~로 가득 차다	be related to ~와 관계가 있다	be satisfied with ~에 만족하다
be associated with ~와 관련되다	be engaged in ~에 종사하다, 관심이 있다	be concerned with ~에 대해 염려하다
be known for ~로 유명하다	be known as ~로 알려져 있다	be dedicated to ~에 전념하다
be surprised at ~에 놀라다	be shocked at ~에 충격을 받다	be used to ~에 익숙하다
be tired from ~로 인해 피곤하다	be disappointed at ~에 실망하다	be equipped with ~을 갖추고 있다
be worried about ~에 대해 걱정하다	be qualified for ~할 자격이 있다	be accustomed to ~에 익숙하다
be exposed to ~에 노출되다	be tired of ~에 싫증나다	be assigned to ~에 배정되다
be acquainted with ~을 알다		

📍 상관 접속사의 수 일치 [Chapter 8 접속사(1) 참고]

both A and B A 와 B 둘 다	복수	**A or B** A 또는 B	B에 수 일치
either A or B A나 B중 하나	B에 수 일치	**neither A nor B** A도 B도 아닌	B에 수 일치
not A but B A가 아닌 B	B에 수 일치	**not only A but also B** A뿐만 아니라 B도	B에 수 일치
A as well as B B뿐만 아니라 A도	A에 수 일치		

📍 항상 단수로 취급하는 주어

-body, -one, -thing	somebody, nobody, someone, everyone, anything …
'거리, 금액, 기간, 무게, 면적'을 나타내는 단위	dollars, miles, kilograms, years, minutes, hours …
학문명	economics, physics, statistics, mathematics, politics …
-s로 끝나는 고유명사	the United States, the Philippines, the Netherlands, the Times …

한눈에 복습하는 동사&준동사

동사

| 수 일치 | • 단수 주어 + 단수 동사
• 복수 주어 + 복수 동사 |

| 태 | • 능동태 - 주어가 동사 동작의 주체
• 수동태 - 주어가 동사 동작의 대상 (be + v-ed) |

| 분사 | • 현재분사(v-ing): 능동, 진행의 의미
• 과거분사(v-ed): 수동, 완료의 의미 |

준동사

| to부정사(to v) | 명사, 형용사, 부사 역할 |

| 동명사(v-ing) | 명사 역할 |

● 빈칸에 알맞은 것을 고르세요.

1. We're interested (to / with / in) your opinion.

2. I'm satisfied (to / with / by) your service.

3. Each student (is / are) allowed to select any book.

4. Most of the clothes (was / were) in good condition.

5. I'm considering (to do / doing) volunteer work.

정답 1. in 2. with 3. is 4. were 5. doing

실전 감각 익히기

• Step by Step에 직접 풀이 과정을 쓰면서 문제를 풀어보세요.

1 The award recipient, Dorian Yates, ------- at the celebration dinner on next Sunday.

(A) introduced
(B) will be introduced
(C) is introducing
(D) have introduced

2 Mr. Dunn ------- to senior representative because of the excellent ratings in his performance evaluation.

(A) to promote
(B) was promoted
(C) promoting
(D) promoted

3 New workers must refer to the information packet ------- by the human resources department.

(A) to provide
(B) will provided
(C) was provided
(D) provided

4 Sonata Computers will acquire Between Connections, a rival company in China, ------- into the Asian market.

(A) to expand
(B) are expanded
(C) will expand
(D) expanded

5 Every candidate should directly ------- with the personnel department so that individual interviews can be appropriately scheduled.

(A) coordinate
(B) coordinating
(C) to coordinate
(D) coordination

6 For frequent visitors who ------- the basement parking lot, a discounted fee is available on Mondays.

(A) use
(B) uses
(C) are used
(D) using

7 The Editing program developed by GES allows users to easily ------- their documents into different sections.

(A) divided
(B) dividing
(C) divides
(D) divide

8 Ms. Kennedy's main responsibilities include filing the monthly reports and ------- the latest sales figures.

(A) analyze
(B) analyzing
(C) analyzed
(D) will analyze

9 Due to road construction, commuters who use Hampton Avenue should seek an alternative route to ------- traffic congestion tomorrow.

(A) avoids
(B) avoided
(C) will avoid
(D) avoid

10 The first management training session will be held in the auditorium, and all branch managers ------- to participate in this event.

(A) inviting
(B) invited
(C) will invite
(D) are invited

실전 감각 익히기

Questions 11-14 refer to the following article.

INGERSOLL INSURANCE MERGES WITH MORRIS FINANCIAL

Chicago (June 8)—Hebron Group agreed to ------- Ingersoll Insurance Company to Morris Financial.
11.
For Morris, this acquisition is an opportunity to gain a foothold in the insurance market in the
United States. In January, Hebron announced that it would sell one of its affiliates ------- on its core
12.
business. -------. The implications of the merger between the two companies are difficult to predict.
13.
Morris officials declined to ------- on whether it will keep Ingersoll's 3,700 employees. However, rumor
14.
has it that the executives decided to cut personnel by about 10%. Many experts in the industry say
that it would be necessary to reduce Ingersoll's operating costs given its financial situation. Morris is
expected to announce the details of the merger next Wednesday.

11 (A) sell
(B) sold
(C) selling
(D) will sell

12 (A) to concentrate
(B) concentrating
(C) concentration
(D) concentrate

13 (A) Morris immediately submitted an offer to acquire.
(B) The deal contains a $3 million breakup fee.
(C) The directors continue to ask for support.
(D) The deal announcement won't affect the service.

14 (A) attract
(B) comment
(C) lower
(D) ignore

Questions 15-18 refer to the following memo.

To: All first year associates

All first year associates hired ------- year and second year associates hired after last year's Employee
                                  15.
Training Camp ------- to attend the 2019 Employee Training Camp tomorrow at 8 A.M.
             16.

The weekend-long camp will be your opportunity to meet the company's ------- and directors and
                                                                    17.
spend some quality time with your coworkers. There will be several technical seminars, but the
general goal of the camp is to get new hires familiarized with our company culture and to have fun.
-------. Please don't be late.
  18.

15 (A) this
　　(B) their
　　(C) that
　　(D) those

16 (A) require
　　(B) are required
　　(C) will require
　　(D) was required

17 (A) alternatives
　　(B) executives
　　(C) objectives
　　(D) entrepreneurs

18 (A) There is no exact time recommended to arrive.
　　(B) All public transportation from the city center to suburbs will run until midnight.
　　(C) We do not consider late submissions, and there will be no exceptions.
　　(D) There will be a bus waiting to pick you up at the company parking lot at 8 A.M. tomorrow.

Chapter 7 전치사

학습 목표

토익에서 전치사 문제는 단순 전치사를 고르는 문제와 부사, 접속사, 전치사를 구별하는 문제로 나뉜다. 단순 전치사의 쓰임을 먼저 공부한 뒤에, 이어지는 Chapter 8, Chapter 9에서 전/접/부(전치사/접속사/부사) 구별 문제를 다루겠다. Chapter 7에서는 장소 전치사, 시간 전치사를 기본으로 전치사 문제의 기출 패턴과 접근법을 알아본다.

바탕 다지기

전치사는 뒤에 명사를 동반하여 시간, 장소, 목적, 방법을 나타낸다. 하나의 전치사가 여러 개의 뜻으로 쓰이기도 한다.

in the morning

at the beach

on the subway

by car

필수 개념 익히기

1. 전치사 + 명사 = 전치사구

1) 전치사는 명사 앞에 위치하여 '전치사 + 명사' 형태의 구를 만든다. 명사뿐만 아니라 명사처럼 쓰이는 말들 (명사구, 명사절, 동명사)도 전치사 뒤에 올 수 있다.

2) 전치사구는 형용사나 부사처럼 수식어로 기능한다.

How about going to the Chinese restaurant **near the theater**?
　　　　　　　　　　　　　명사구　　　　　　　　전치사구
극장 근처에 있는 중국 식당에 가는 게 어때?

Sean said he was waiting **for two hours**.
　　　　　동사구　　　　　　전치사구
션은 그가 두 시간 동안 기다리고 있었다고 말했다.

Most of our menu items are available **for take-out**.
　　　　　　　　　　　　　　형용사　　　전치사구
저희 메뉴 대부분은 포장해 가실 수 있습니다.

At that moment, I was doing the dishes.
　전치사구　　　　　　　　문장 전체
그때 나는 설거지를 하고 있었다.

2. 장소 전치사

1) in(~안에): 넓은 공간과 함께 쓴다.

| in Korea 한국에 | in town 동네에 | in the house 집에 |

2) on(~위에): 표면 위에 있음을 나타낸다.

| on the table 탁자 위에 | on the ceiling 천장에 | on the list 목록에 |

3) at(~에): 좁은 지점에 있음을 나타낸다.

| at the corner 모퉁이에 | at the end of the hall 복도 끝에 | at the center 중심에 |

4) near(~가까이에)

| near the station 역 근처에 | near here 여기에서 가까운 | near the window 창문에 가까운 |

5) next to(~옆에)

| next to each other 서로 옆에 | next to the ocean 바다 옆에 | next to the hotel 호텔 옆에 |

6) in front of(~앞에)

| in front of the mirror 거울 앞에 | in front of people 사람들 앞에 | in front of the store 가게 앞에 |

7) throughout(~에 걸쳐서)

| throughout the country 전국에 걸쳐서 | throughout surrounding cities 주변 도시들에 걸쳐 |

You can find the address **at the bottom** of the next page.
당신은 다음 페이지 하단에서 주소를 찾을 수 있습니다.

We stayed **at the Crown Hotel on Fifth Street**.
우리는 5번가에 있는 크라운 호텔에 묵었다.

The vehicle was parked **near the train station**.
차량은 기차역 가까이에 주차되어 있었다.

3. 시간 전치사

1) in(~에): 긴 시간과 주로 쓴다. 기간을 나타낼 수도 있다.

| in 2019 2019년에 | in the morning 아침에 | in two days 이틀 후에 |

2) on(~에): 날짜 혹은 요일, 특정한 날과 주로 쓴다.

| on December 25 12월 25일에 | on my birthday 내 생일에 | on a clear day 맑은 날에 |

3) at(~에): 정확한 시점과 주로 쓴다.

| at 12 o'clock 12시 정각에 | at that moment 그 순간에 | at lunchtime 점심시간에 |

필수 개념 익히기

4) by(~까지): 특정 시점까지 완료되는 행위를 말할 때 쓴다.
   until(~까지): 특정 시점까지 지속되는 행위를 말할 때 쓴다.

by tomorrow 내일까지	by five o'clock 다섯 시까지	by noon 정오까지
until 6 P.M. 오후 6시까지	until May 7 5월 7일까지	until after midnight 자정 후까지

5) for(~동안): 숫자를 포함하는 기간 표현과 주로 쓴다.
   during(~동안, ~중에): 기간을 나타내는 명사와 쓴다.

for 5 days 5일 동안	for 10 years 10년 동안	for seven hours 7시간 동안
during the meeting 회의 중에	during vacation 휴가 동안	during the sale 세일 동안

6) over(~에 걸쳐) (+ 기간)

over the last decade 지난 10년간	over the past year 지난해 동안	over the holidays 연휴 동안

7) within(~이내에) (+ 기간)

within a month 한 달 이내에	within three years 3년 이내에	within 10 days 10일 내에

8) since (~이후로) (+ 시점)

since May 2018 2018년 5월 이후로	since the beginning of summer 여름 시작 이후로

9) after(~후에) (+ 시점)

after the accident 사고 후에	after breakfast 아침 식사 후에	quarter after three 3시 15분

10) before(~전에) (+ 시점)

before meals 식사 전에	before 5 P.M. 오후 5시 전에	before the show 공연 전에

There's a meeting **on Wednesday at 10 A.M.** to discuss current market trends.
현재 시장 추세를 논의하기 위해 수요일 오전 10시에 회의가 있다.

Vendors must ship **within 30 days** of the order.
판매자는 주문 30일 이내에 배송해야만 한다.

The presenter will talk **for 15 minutes** about the revised environmental regulations.
발표자는 15분간 개정된 환경 규제에 관해 말할 것이다.

4. 기타 전치사

1) 수단: with(~와 함께, ~로), by(~로), through(~을 통해)

2) 대상/주제: about(~에 관하여), over(~에 관하여)

3) 방향: to(~로), from(~에서부터), toward(~을 향하여), into(~ 안으로), out of(~ 밖으로), across(~을 가로질러), past(~을 지나서), along(~을 따라서)

---

vocabulary

vehicle 차량   current 현재의   trend 추세, 경향   vendor 판매자   ship 배송하다   revised 개정된   regulation 규정, 규제

출제 핵심 패턴 익히기

22. 단순 전치사 문제의 단서는 빈칸 뒤 명사이다.

문제의 보기가 접속사나 부사 등 다른 품사가 섞이지 않고 전치사만으로 이루어졌다면, 빈칸 뒤의 명사가 장소인지, 시간인지 등에 따라 어울리는 전치사를 골라주면 된다. 토익에 나오는 주요 전치사들의 뜻과 용법을 잘 숙지하면 어렵지 않게 풀 수 있다.

예제 22-1

The annual meeting will be held ------- the conference room at the Bay Hotel.

(A) in (B) on
(C) until (D) of

Step by Step
1. 보기가 전부 전치사로 구성되어 있네. 그럼 빈칸 뒤 명사를 확인해보자.
2. the conference room(회의실)은 장소를 나타내. 보기 중 장소 전치사는 (A), (B)가 있네.
3. on은 면과의 접촉 개념을 나타내는 전치사이니, the conference room이 나타내는 '공간'과는 잘 어울리지 않아.
4. 정답은 (A)!

예제 22-2

The memorandum concerning the new dress code will be posted ------- the bulletin board.

(A) instead of (B) on
(C) during (D) for

Step by Step
1. 보기가 전부 전치사로 구성되어 있네. 그럼 빈칸 뒤 명사를 확인해보자.
2. the bulletin board(게시판)는 '표면'과 관련된 단어야. 장소 전치사 중 특히 접촉을 나타내는 전치사와 잘 어울려.
3. 정답은 (B)!

예제 22-3

Those who expressed concern about the result of the survey should refer to the 2019 report released ------- Saturday.

(A) near (B) on
(C) within (D) despite

Step by Step
1. 보기가 전부 전치사이니 빈칸 뒤 명사 Saturday(토요일)에서 단서를 얻자.
2. 보기 중 시간 전치사는 (B)와 (C)가 있어. 하지만 (C)는 기간을 나타내는 명사와 쓰이니 시점 표현인 Saturday와는 어울리지 않아.
3. 정답은 (B)!

예제 22-4

The faculty's brief presentation analyzing the current job market will begin promptly ------- 10 A.M.

(A) along (B) for
(C) at (D) between

Step by Step
1. 보기가 전부 전치사이니 빈칸 뒤 명사 10 A.M.에서 단서를 얻자.
2. 보기 중 시간 전치사는 (B)와 (C)가 있어. 그 중 정확한 시간과 쓰이는 전치사는 (C)야.
3. 정답은 (C)!

예제 22-5

All presenters are required to submit brief speech outlines to their managers ------- February 17.

(A) by
(B) for
(C) next to
(D) as to

예제 22-6

Due to inclement weather, the outdoor concert will be postponed ------- next Saturday.

(A) until
(B) by
(C) at
(D) behind

예제 22-7

------- the negotiation meeting, we finally came to an agreement with the construction company as to when to begin renovations on the Manhattan plant.

(A) During
(B) For
(C) Along
(D) Down

예제 22-8

Owing to the recent remodeling project, sales figures have increased significantly ------- the last 2 months.

(A) into
(B) under
(C) over
(D) since

Step by Step

① 보기가 전부 전치사이니 빈칸 뒤 명사구 February 17(2월 17일)에서 단서를 얻자.
② 보기 중 시점과 어울릴 수 있는 전치사는 (A)야. 참고로 by는 완료 시점을 나타내고, until은 지속되는 시점을 나타낸다는 차이점이 있어.
③ 정답은 (A)!

① 보기가 전부 전치사이니 빈칸 뒤 명사구 next Saturday(다음 토요일)에서 단서를 얻자.
② 보기 중 시점과 어울릴 수 있는 전치사는 (A), (B), (C).
③ postpone(연기하다)는 어느 지점까지 계속되어지는 상태를 나타내므로 지속의 의미를 담는 전치사와 써야 해. 참고로 postpone 뒤에 by가 오려면 시점이 아닌 기간 표현이 와야 해.
④ 정답은 (A)!

✏️ 직접 풀이 과정을 쓰면서 문제를 풀어보세요.

① (빈칸 뒤 명사) _____.
② (어울리는 전치사) _____.
③ 정답은 _____.

① (빈칸 뒤 명사) _____.
② (어울리는 전치사) _____.
③ 정답은 _____.

이것만은 꼭!

전치사 관용 표현

at the moment 지금	at no time 한 번도 ~하지 않다
at one's disposal 마음대로 사용할 수 있게	at once 즉시
in a timely manner 시기적절하게	in common 공동으로
in luck 운이 좋게도	in short 요약하면
in public 공개적으로	in effect 사실상, 효력이 있는
in particular 특히	in person 직접
on board 탑승한	on a regular basis 정기적으로
on business 업무 차	on schedule 시간표대로, 예정대로
out of order 고장 난	out of service 사용 불가한
under way 진행 중인	under consideration 고려 중인

구전치사: 둘 이상의 단어가 모여 하나의 전치사로 쓰이는 말

according to ~에 따르면	due to ~때문에
as to ~에 관하여	because of ~때문에
instead of ~대신에	by means of ~을 써서, ~의 도움으로
on behalf of ~을 대신하여	regardless of ~와 관계없이
on account of ~때문에	in addition to ~외에
in spite of ~에도 불구하고	along with ~에 덧붙여, ~와 마찬가지로
in regard to ~와 관련하여	in terms of ~의 관점에서
in case of ~의 경우에	except for ~을 제외하고
but for ~을 제외하고는, ~이 없다면	apart from ~외에는
up to ~까지	such as ~같은

-ing로 끝나는 전치사

concerning ~에 관하여	regarding ~에 관하여	excluding ~을 제외하고	including ~을 포함해서
considering ~을 고려하면	following ~후에, ~에 이어		

한눈에 복습하는 전치사

전치사		
	역할	명사와 결합하여 시간, 위치, 방법, 수단 등을 표현하는 수식어 형성
	장소	in(~안에), on(~위에), at(~에), near(~가까이에), next to(~옆에), in front of(~앞에)
	시간	in(~에), on(~에), at(~에), by(~까지), until(~까지), for(~동안), during(~동안), over(~에 걸쳐), within(~이내에), after(~후에), before(~전에)
	수단	with(~와 함께, ~로), by(~로), through(~을 통해)
	대상/주제	about(~에 관하여), over(~에 관하여)
	방향	to(~로), from(~에서부터), toward(~을 향하여), into(~안으로), out of(~밖으로), across(~을 가로질러), past(~을 지나서), along(~을 따라서)

Quick Quiz

📍 빈칸에 알맞은 것을 고르세요.

1. The vending machine is currently (out / without) of order.

2. You should take the subway instead (for / of) driving.

3. Mr. Liu signed the document on behalf (of / by) his wife.

4. In addition (to / on) spa services, the resort offers a wide range of outdoor activities.

5. In spite (of / with) its high tuition fees, the school is very popular.

6. The office was empty except (in / for) Mr. Harington.

7. John is away (at / on) business.

8. Guests will receive free samples along (with / from) a discount coupon.

정답 1. out 2. of 3. of 4. to 5. of 6. for 7. on 8. with

실전 감각 익히기

• Step by Step에 직접 풀이 과정을 쓰면서 문제를 풀어보세요.

1 If any VIP patrons receive the customer satisfaction survey, please fill it out ------- Tuesday at 10 A.M.

(A) for
(B) by
(C) into
(D) during

2 All new employees are required to pass a probation test ------- their first 3 months.

(A) by
(B) along
(C) near
(D) during

3 As soon as your application is approved, we will schedule a final interview ------- 7 days.

(A) since
(B) next to
(C) until
(D) within

4 The newly developed accounting software is mainly used for tax accounting purposes ------- its fast execution.

(A) because of
(B) according to
(C) into
(D) while

5 We accept applications from anyone who wants to apply for a job opening, ------- the applicant's experience.

(A) in case
(B) once
(C) regardless of
(D) apart from

6 Santos Appliance will acquire Cha Hang Electronics in China in order to expand ------- the Asian market.

(A) about
(B) into
(C) as to
(D) in order that

7 The budget for environmental projects has more than tripled ------- the last 10 years because of government support.

(A) until
(B) over
(C) more
(D) opposite

8 Please take a minute to fill out the attached questionnaire ------- the new safety procedures.

(A) regarding
(B) among
(C) into
(D) at

9 Due to unusually severe weather, the 2020 Track & Field finals will be postponed ------- further notice.

(A) by
(B) until
(C) whereas
(D) down

10 Legendary Insurance, specializing in investing in real estate, has a number of branches ------- the nation.

(A) between
(B) until
(C) throughout
(D) upon

Chapter 8 접속사 (1)
_ 부사절 접속사 & 등위·상관접속사

학습 목표

토익에서의 접속사 문제는 부사절 접속사와 명사절 접속사 그리고 관계대명사 등이 출제가 된다. 접속사 단독 문제로 나오기 보다는 전치사/접속사/부사 혼합 문제가 많이 출제된다. Part 5&6에서는 한 달에 5문제 이상 출제될 정도로 높은 비율을 차지하고 있기 때문에, 시험에 나오는 접속사와 그 특징들을 빨리 암기하고 실전 문제 패턴을 익히도록 한다.

바탕 다지기

접속사는 기본적으로 절과 절을 이어준다. 접속사 중 등위 접속사는 구와 구를 연결하는 역할도 한다.

If he wins the race, …

… after I finish my work.

… when the artist paints a picture.

… because I love her.

필수 개념 익히기

1. 등위 접속사

등위 접속사는 구와 구, 절과 절처럼 문법적으로 같은 성질의 말을 이어준다.

| and 그리고 | or 또는 | but, yet 그러나 | so 그래서 |

The island is a perfect place for families **and** couples to visit.
　　　　　　　　　　　　　　　　　　　　　　명사　　　　명사
이 섬은 가족과 연인이 방문하기에 완벽한 장소입니다.

2. 상관 접속사

등위 접속사가 다른 단어와 짝을 이루어 쓰는 접속사이다. 등위 접속사와 마찬가지로 문법적으로 대등한 형태의 말들을 연결한다.

both A and B A와 B 둘 다	either A or B A와 B 둘 중 하나	neither A nor B A도 B도 아닌
not A but B A가 아니라 B	not only A but (also) B A뿐만 아니라 B도	
A as well as B B뿐 아니라 A도	A rather than B B라기보다는 A	

This is the best office chair in terms of **both** form **and** function.
　　　　　　　　　　　　　　　　　　　　　　　　　　　　명사　　　　명사
이것은 형태와 기능 둘 다 측면에서 최고의 사무용 의자입니다.

The application form can be submitted **either** in person **or** via e-mail.
　　　　　　　　　　　　　　　　　　　　　　　　　　　　전치사구　　　　전치사구
지원서는 직접이나 이메일을 통해 제출될 수 있다.

3. 부사절 접속사

1) 부사절 접속사는 내용에 따라 시간, 이유, 조건, 양보, 목적 등으로 나뉜다.

시간	when, as ~할 때 while ~하는 동안	as soon as ~하자마자 once 일단 ~하면	until ~할 때까지 before ~하기 전에	since ~이래로 after ~하고 나서
이유	because ~때문에 now (that) ~이므로	for ~때문에	as ~때문에	since ~때문에
조건	if 만약 ~라면 as long as ~하는 한	unless 만약 ~아니라면 suppose / supposing / provided / providing (that) 만일 ~하면	in case (that) ~인 경우에는	
양보	even though, although, though 비록 ~일지라도 even if ~일지라도		while ~인 반면	whereas ~인 반면

목적/결과	so (that) ~하기 위해 in order that ~하기 위해 so ~ that … 너무 ~해서 …하다
양태	as ~처럼, ~대로 as if 마치 ~인 것처럼

NOTE as, while, since처럼 접속사 하나가 여러 뜻을 가질 수 있다.

2) 부사절 접속사 뒤에는 완전한 문장이 온다.

More and more people prefer shopping online [**because** it's convenient].
                                                    '주어 + be동사 + 보어'를 갖춘 완벽한 2형식 문장

그것이 편리하기 때문에 점점 더 많은 사람이 온라인으로 쇼핑하는 것을 선호한다.

[**Although** Mr. Kim and Mr. Lee have worked together for 7 years], they are not close.
                '주어 + 동사'를 갖춘 완벽한 1형식 문장

김 씨와 이 씨는 7년을 함께 일해왔지만, 친하지 않다.

3) 시간과 조건 부사절에서는 현재 시제로 미래 시제를 나타낸다.

It will be about six months [**before** the hotel reopens its swimming pool].
                              before: ~하기 전에(시간)   미래 시점에 진행될 재개장을 현재 시제로 나타냄

호텔이 수영장을 재개장하기 전에 약 6달이 걸릴 것이다.

[**If** you change your mind], please let me know.   마음이 바뀌시면 저에게 알려주세요.
if: 만약 ~하면(조건) 미래 시점에 일어날 일을 현재시제로 나타냄

4. 부사절 축약

1) 부사절 주어와 주절 주어가 같을 때, 부사절 주어와 be동사를 함께 생략할 수 있다.

The test results won't be released **until** (they are) reviewed and approved by the committee.
                                    The test results = they, '주어 + be동사' 생략 가능

검사 결과는 위원회에 의해 검토되고 승인될 때까지 발표되지 않을 것이다.

While (he was) in Jordan, he travelled a lot.   요르단에 있을 때, 그는 여행을 많이 다녔다.
     he = he, he was 생략 가능

2) 부사절 주어와 주절 주어가 같을 때, 부사절 주어를 생략하고 능동태 동사를 -ing형으로 바꿀 수 있다.

Since he became CEO last year, Mr. Welsby has eliminated more than 1,500 jobs.
      he = Mr. Welsby → he 생략, became → becoming

→ **Since** becoming CEO last year, Mr. Welsby has eliminated more than 1,500 jobs.

작년에 CEO가 된 이후, 웰스비 씨는 1,500개 이상의 일자리를 없앴다.

---

vocabulary

function 기능   via ~을 통해   prefer 선호하다   convenient 편리한   suggestion 제안   close 가까운, 친한
approve 승인하다   committee 위원회   eliminate 제거하다

출제 핵심 패턴 익히기

23. 빈칸 뒤는 명사만 있으면 전치사, 주어와 동사가 있으면 접속사이다.

보기에 접속사, 전치사, 그리고 접속 부사가 섞여 있는 경우, 해석으로 답을 고르기 전 각 품사의 특징으로 정답 후보를 추려야 한다. due to 와 because는 둘 다 '~때문에'라는 이유를 나타내지만 due to는 전치사, because는 접속사이기 때문에 올 수 있는 자리가 다르다. 따라서 자리에 맞는 품사를 고르고, 남은 보기 중에서 해석을 통해 답을 골라야 한다.

〈혼동하기 쉬운 접속사/전치사〉

이유	접속사	because, now that, since, as
	전치사	because of, due to, owing to, on account of, thanks to, with
양보	접속사	though, although, even though, even if, while, whereas
	전치사	despite, in spite of, notwithstanding
시간	접속사	while, as soon as, since
	전치사	during, for

NOTE 접속사 since가 'since + 주어 + 과거 동사, 주어 + 현재완료'의 구조일 때는 '~이후로', 그 외에는 '~때문에'라고 해석한다.

예제 23-1

------ the shipments of the important packages were unexpectedly delayed, the customer relations department has received many complaints.

(A) Therefore (B) Due to
(C) Because   (D) Along

Step by Step
1. 보기는 전치사 (B), (D), 접속사 (C), 부사 (A)로 되어 있어.
2. 빈칸 뒤는 주어 the shipments ~ package와 동사 were delayed를 갖춘 문장이 있으니 접속사가 와야 해.
3. 정답은 (C)!

질문 있어요

Q. therefore의 뜻은 '그러므로'니까 접속사 아닌가요?

A. 어떤 부사들은 접속사랑 뜻이 비슷해서 접속사 문제를 풀 때 혼동을 주기도 한다. 그런 부사들을 '접속 부사'라고 부른다. 그러나 아무리 우리말 뜻이 접속사와 비슷하다고 해도 기능까지 공유할 수 있는 것은 아니다. 부사는 부사일 뿐 문장을 연결하는 기능이 없다. 전치사도, 접속사도 답이 아닐 때, 빈칸 뒷 부분이 막힌 자리일 때 접속 부사가 답이 될 수 있다. Part 5에서는 접속 부사가 정답으로 잘 출제되지 않지만, Part 6의 문장 고르기, 연결어 문제에서 중요한 단서가 된다.
빈출 접속 부사는 다음과 같다.
however(그러나), nevertheless(그럼에도 불구하고), moreover(더더욱), in addition(더욱이), instead(대신에), likewise(마찬가지로), otherwise(그렇지 않다면), therefore(그러므로), meanwhile(한편으로는), then(그리고 나서), for example(예를 들어), even so(설령 그렇다 해도), furthermore(더욱이)

예제 23-2

------- his outstanding performance, Mr. David is scheduled to be promoted to a higher position next month.

(A) Nevertheless (B) Owing to
(C) Until (D) Furthermore

Step by Step

1. 보기는 접속 부사 (A), (D)와 전치사 (B), 접속사 및 전치사인 (C)로 이루어져 있네.
2. 빈칸 뒤는 절이 아니라 명사구 his outstanding performance만 이어지므로 전치사가 와야 할 자리야.
3. until은 전치사로 쓰이면 시점 표현과 어울리니 빈칸 뒤 명사구와는 어울리지 않아.
4. 정답은 (B)!

예제 23-3

------- Test Audio has held numerous negotiation meetings with suppliers, they have yet to reach an agreement.

(A) Although (B) Notwithstanding
(C) Except for (D) Otherwise

1. 빈칸 뒤는 주어 Test Audio와 동사 has held를 갖춘 절이 왔어.
2. 보기 중 절을 이끌 수 있는 것은 접속사 (A)뿐이네. 접속사, 전치사 어휘만 잘 알면 쉽게 풀 수 있는 문제였어.
3. 정답은 (A)!

예제 23-4

------- the effort to repair the broken printer, it isn't still working properly.

(A) Whereas (B) Despite
(C) Once (D) On account of

1. 빈칸 뒤는 명사구 the effort만 나왔으니 전치사 중에 정답을 골라야 해.
2. 보기 중 전치사는 (B)와 (D)가 있어.
3. 해석상 '결함이 있는 프린터기를 고치려는 노력 때문에'보다는 '노력에도 불구하고'가 어울리네.
4. 정답은 (B)!

예제 23-5

------- your payment is confirmed, your registration will be processed automatically.

(A) Concerning (B) Once
(C) Instead of (D) However

1. 보기에 전치사, 접속사, 접속 부사가 섞여 있는 문제네.
2. 빈칸 뒤는 주어 your payment와 동사 is confirmed가 나오니 문장을 이끄는 접속사가 정답이야.
3. (A), (C)는 전치사, (D)는 부사, 접속사는 (B) 하나뿐이야.
4. 정답은 (B)!

출제 핵심 패턴 익히기

24. -ing, -ed 앞에도 접속사가 올 수 있다.

보기에 접속사와 전치사가 섞여 있을 때 빈칸 뒤에 -ing가 왔다면, 무조건 동명사로 생각해서 전치사 보기를 고르지 않도록 주의한다. 부사절 주어와 be동사가 생략된 축약 구문일 수도 있기 때문이다.

예제 24-1

Please read the manual carefully ------ installing this device.

(A) before (B) whereas
(C) than   (D) with

Step by Step

1. 보기에 전치사, 접속사, 부사가 섞였으니 빈칸 자리부터 확인!
2. 빈칸 뒤는 -ing가 왔어. 동명사처럼 보일 수도 있지만, 축약 구문일 수도 있으니 해석으로 확인해보자.
3. 설치하기 '전에' 설명서를 읽으라는 뜻이어야 자연스러워.
4. 정답은 (A)!

예제 24-2

------ completed, the cable car will transport passengers at over 100m in the air.

(A) Once   (B) While
(C) As to (D) Beyond

1. 보기에 전치사, 접속사가 섞였으니 빈칸 자리부터 확인!
2. 빈칸 뒤는 -ed로 끝나는 말이 왔어. completed가 명사는 아니니까 전치사가 답이 될 수는 없어. 아무래도 부사절 주어와 be동사가 생략된 축약 구문이라고 봐야겠다.
3. 해석을 통해 접속사 (A), (B) 중 정답을 골라야해. '완성되었기 때문에'보다는 '완성되고 나면'이 문맥상 더 자연스러워.
4. 정답은 (A)!

예제 24-3

Mr. McKay took a professorial tone ------ discussing the recent sales performance.

(A) until   (B) therefore
(C) from   (D) while

✏️ 직접 풀이 과정을 쓰면서 문제를 풀어보세요.

1. (보기 분석) _____.
2. (빈칸 뒤) _____.
3. (해석 확인) _____.
4. 정답은 _____.

예제 24-4

------ beginning, Ms. Cassidy looked at last year's accounts.

(A) Due to   (B) Before
(C) As to   (D) However

1. (보기 분석) _____.
2. (빈칸 뒤) _____.
3. (해석 확인) _____.
4. 정답은 _____.

25. 등위 접속사와 상관 접속사는 보기를 보고 예상할 수 있다.

일반적으로 등위/상관 접속사가 보기의 절반 이상이라면 등위/상관 접속사 문제로 예상할 수 있다.
and, or, nor, either, neither은 상관 접속사에 자주 활용되는 단어들이다. 이들이 보기에 나와 있다면, 주어진 문장에 보기와 함께 상관 접속사를 이루는 단어가 있는지 확인한다. 상관 접속사로 연결되지 않는다면 해석으로 적절한 등위 접속사를 고른다.

예제 25-1
The product you recommended was found neither in any store ------ on the website.

(A) for   (B) nor
(C) and   (D) either

① 보기를 보니 등위 접속사, 상관 접속사 문제라는 걸 예측할 수 있어.
② 문제에 상관 접속사를 구성하는 표현이 있나 보자. 빈칸 앞쪽에 neither가 보여. 그렇다면 neither와 짝을 이루어 상관 접속사를 이루는 보기를 골라야지.
③ 정답은 (B)!

예제 25-2
Mr. Takipson, the personnel director, should decide ------ they hire additional employees or not.

(A) unless   (B) whether
(C) as soon as   (D) either

① 보기를 보니 부사절 접속사와 상관 접속사를 만드는 표현이 섞여 있어.
② 빈칸 뒤쪽에 등위 접속사 or이 나왔네. (B)와 (C)는 or과 함께 whether A or B, either A or B 구문을 만들 수 있어. 다만 either A or B는 or 앞뒤로 대등한 성분을 연결하고, whether는 뒤에 절이나 to부정사가 온다는 게 차이야.
③ or 앞에는 절이, 뒤에는 not이 왔으므로 whether가 적합해. or만 보고 either을 고르는 함정에 빠지지마.
④ 정답은 (B)!

예제 25-3
In general, the book publishing process consists of marketing, sales, ------ distribution.

(A) but   (B) so that
(C) and   (D) either

① (보기 분석) _____.
② (빈칸 주변) _____.
③ (해석 확인) _____.
④ 정답은 _____.

Chapter 8 부사절 접속사&등위·상관접속사 105

이것만은 꼭!

접속사도 되고 전치사도 되는 표현

until ~까지	as ~로서, ~처럼 / ~할 때, ~때문에, ~대로	before ~전에	after ~후에
since ~이후로	for ~동안, ~때문에	considering ~을 고려하면	given ~을 고려하면

부사절 접속사를 활용한 관용 표현

when it comes to ~에 관한 한	if any 만약에 있다고 하더라도	if ever 설사 ~라고 하더라도
if anything 오히려	if only ~하기만 하다면	if so 그렇다면
ever since 그때 이래 줄곧	soon/right after ~하자 마자 곧	

빈출 구동사(동사 + 전치사) 표현

account for 설명하다	carry out 실행하다	comply with 준수하다
deal with 다루다	rely on 의존하다	take care of 돌보다
agree on[with/to] 동의하다	apologize for 사과하다	object to 반대하다
specialize in 전문으로 하다	wait for 기다리다	work on 작업하다
call for 요청하다	call off 취소하다	break down 고장나다
contribute to ~에 기여하다	engage in ~에 관여하다, 종사하다	refer to 참고하다
respond to ~에 응답하다	turn in 제출하다	turn down 거절하다
comment on ~에 대해 언급하다	put off 연기하다	look into 조사하다
apply for ~에 지원하다	answer for 책임지다, 대답하다	build up 쌓아올리다, 확립하다
cut off 차단하다	do for ~에게 도움이 되다	drop by 잠시 들리다
end up 끝나다	fit into ~에 적합하다	go on 계속해서 ~하다
hand in 넘겨주다	hold on 기다리다, 계속하다	keep up 계속하다, 유지하다
make up for 보상하다	set apart ~을 따로 떼어 두다	stand up for ~을 지지하다
stay up (자지 않고) 일어나 있다	stick to ~을 고수하다	take off 이륙하다
take on ~을 떠맡다	take over 인계받다	work out 운동하다

한눈에 복습하는 부사절 접속사와 등위/상관 접속사

접속사

등위
- 문법적으로 같은 성질의 말 연결
- and, but, or, so, yet

상관
- 등위 접속사가 다른 단어와 짝을 이루어 만드는 접속사
- both A and B, either A or B, neither A nor B, not A but B, not only A but (also) B, A rather than B, A as well as B

부사절
- 완전한 문장을 이끌어 주절의 부사 역할
- 시간 - when, as, as soon as, until, since, while, once, before, after
- 이유 - because, for, as, since, now (that)
- 조건 - if, unless, in case, as long as, suppose, supposing, provided, providing
- 양보 - even though, although, though, while, whereas
- 목적/결과 - so (that), in order that, so ~ that …
- 양태 - as, as if

📍 빈칸에 알맞은 것을 고르세요.

1. Southeast Asia is enjoying a boom in both leisure (or / and) business travel.

2. You can choose either pancakes (or / but) French toast.

3. Neither Claire (yet / nor) Susan admitted that they made a mistake.

4. The company's business strategy relies heavily (on / of) collaborations among employees.

5. As soon (as / for) she realized her error, she called her supervisor.

6. What Mr. Cole mentioned during the meeting was not only an ethical but (too / also) a practical issue.

정답 1. and 2. or 3. nor 4. on 5. as 6. also

Chapter 8 부사절 접속사&등위·상관접속사 107

실전 감각 익히기

• Step by Step에 직접 풀이 과정을 쓰면서 문제를 풀어보세요.

1 Please refer to the instruction manual ------- installing the new word processing software.

(A) before
(B) since
(C) although
(D) however

2 ------- online banking is very popular and convenient, traditional banks are becoming obsolete.

(A) As
(B) Whether
(C) Already
(D) As soon as

3 Mr. Lesington is a newcomer, but his department head is full of praise for his performance, ------- he has a lot of knowledge in this field.

(A) due to
(B) unless
(C) since
(D) moreover

4 We will send you the items you ordered ------- your payment deposit is confirmed.

(A) either
(B) as though
(C) along
(D) as soon as

5 All participants are encouraged to submit the survey form ------- by email or in person by today.

(A) either
(B) while
(C) because of
(D) neither

Questions 6-9 refer to the following e-mail.

From: Martha Robinson
Subject: Network Shutdown

Dear all,

------- (6.) necessary repairs to the computer network service used by Oak Tower, all network services in the building will be temporarily shut down. ------- (7.), access to e-mail, Internet and personal and/or shared network spaces will be affected. Please be ------- (8.) to restart your computer after the scheduled shutdown period has passed, to restore all network connectivity. This shutdown will begin at 8 A.M. on March 28 and will end at 5 P.M.

------- (9.). For more information, please contact Andre Aylwin at 398-8192.

Martha Robinson
Maintenance Coordinator

6
(A) So that
(B) Besides
(C) Due to
(D) In contrast to

7
(A) However
(B) Therefore
(C) So that
(D) Given that

8
(A) sure
(B) brief
(C) positive
(D) reliable

9
(A) I will telephone you shortly.
(B) We look forward to seeing you there.
(C) I compliment you on recruiting such a capable young woman like Ms. Martha Robinson.
(D) We regret the inconvenience this situation may cause.

Chapter 9 접속사 (2)

_ 형용사절 접속사 &
명사절 접속사

학습 목표

접속사 중에서 형용사절 접속사(관계대명사)와 명사절 접속사의 특징을 공부하는 것이 Chapter 9의 목표이다. Part 5&6에서는 1문제 정도 출제되지만, 해석에 반드시 필요한 부분이다.

바탕 다지기

관계대명사가 이끄는 절은 앞에 있는 선행사를 수식하는 형용사절이다.
that, if 등이 이끄는 명사절은 말 그대로 명사 역할을 하여 주어, 목적어 보어 역할을 한다.

the house **that** we live in

what I don't know

the people **whom** I work with

see **if** she's home

필수 개념 익히기

1. 관계대명사

1) 관계대명사의 형태는 선행사의 종류와 관계대명사절 안에서 관계대명사의 격에 따라 달라진다.

선행사 \ 격	주격	목적격	소유격
사람	who	who(m)	whose
사물	which	which	whose
사람/사물	that	that	–

2) 관계대명사절은 선행사를 수식하는 형용사절이다. 관계대명사 뒤에는 불완전한 절이 온다.

A group of students organized a film festival [**which** emphasized folk culture].
　　　　　　　　　　　　　　　　사물 선행사　　　　　　which + 주어가 없는 불완전한 절
한 무리의 학생들이 민속 문화를 강조하는 영화제를 조직했다.

Ms. Oliver wrote a biography of a scientist [**who** she had known for 10 years].
　　　　　　　　　　　　　　　　　　사람 선행사　　who + had known의 목적어가 없는 불완전한 절
올리버 씨는 그녀가 10년간 알아왔던 한 과학자에 관한 전기를 썼다.

The building is an architectural masterpiece [**that** has survived centuries without damage].
　　　　　　　　사물 선행사　　　　　　　　　　that + 주어가 없는 불완전한 절
그 건물은 손상없이 수세기를 견뎌낸 건축학적 걸작이다.

NOTE 관계대명사 that은 전치사 뒤나 콤마(,) 뒤에 올 수 없다.

Mr. Butler is seen by his supervisor as someone [**whose** opinion is worth listening to].
　　　　　　　　　　　　　　　　　　사람 선행사　　　whose + '주어 + 동사 + 보어'를 갖춘 완전한 절
버틀러 씨는 그의 상사에게 귀 기울여 들을 만한 의견을 가진 사람으로 보인다.

NOTE 관계대명사 whose 뒤에는 완전한 절이 이어진다.

3) 주격 관계대명사 뒤에 'be + v-ing'나 'be + v-ed'가 이어질 경우, 주격 관계대명사와 be동사는 생략할 수 있다.

Mr. Coleman visited his brother [(**who is**) working in Australia].
콜만 씨는 호주에서 일하는 그의 남동생을 방문했다.

4) 목적격 관계대명사는 생략할 수 있다.

I can recommend you the model [(**that**) I use]. 당신에게 제가 쓰는 모델을 추천해드릴 수 있습니다.
　　　　　　　　　　　　　　　　목적격 관계대명사(use의 목적어)

5) 관계대명사 what은 선행사를 포함하는 관계대명사로, 명사절을 이끈다.

Allmart.com has [**what** you've been looking for]. Allmart.com은 당신이 찾고 있던 것을 가지고 있습니다.
　　　　　　　= the thing that, has의 목적어 역할을 하는 명사절

2. 관계부사

1) 관계부사 역시 접속사의 한 종류이다. 선행사의 종류에 맞는 관계부사를 써야 한다.

장소	where (=at/on/in which)	the place 그 장소, the building 그 건물, the site 그 위치 …
시간	when (=at/on/in which)	the day 그 날, the time 그 시간, the period 그 기간 …
이유	why (=for which)	the reason 그 이유
방법	how (=in which)	the way 그 방법

2) 관계부사절은 선행사를 수식하는 형용사절이다. 관계부사 뒤에는 완전한 절이 이어진다.

The place [(where) I worked] was like a factory. 내가 일했던 장소는 공장 같았다.
장소 선행사   완전한 절

I learned on the day [(when) we moved in] that the apartment was noisy.
                    시간 선행사   완전한 절
우리가 이사하는 날 그 아파트가 시끄럽다는 것을 알았다.

NOTE 선행사가 전형적인 장소, 시간, 이유를 나타낼 때 선행사나 관계부사를 생략할 수 있다.

Many people speculate on the reason [(why) he still hasn't been made partner].
                    이유 선행사   완전한 절
많은 사람들이 그가 아직도 파트너가 되지 못한 이유를 추측한다.

There were serious problems with the way [~~how~~ the company was run].
                              방법 선행사   완전한 절
회사가 운영되는 방식에 심각한 문제가 있었다.

NOTE how와 the way는 함께 쓸 수 없고 둘 중 하나만 써야 한다.

3) 복합관계부사는 부사절을 이끈다. 뒤에는 완전한 절이 온다.

whenever	~할 때는 언제나, 언제 ~하더라도
wherever	~하는 곳이 어디든, 어디에서 ~하더라도
however	어떻게 ~하든, 아무리 ~하더라도

We love to eat outside [whenever the weather is good].
우리는 날씨가 좋을 때는 언제나 밖에서 식사하기를 좋아한다.

Gustav cameras are available [wherever quality cameras are sold].
품질 좋은 카메라가 판매되는 곳이라면 어디서나 구스타프 카메라를 이용할 수 있다.

[However difficult it is], he's never hesitated to take on any challenge.
아무리 어렵더라도, 그는 어떤 도전이든 택하기를 주저하지 않았다.

필수 개념 익히기

3. 명사절 접속사

명사절은 말 그대로 문장 내에서 명사 역할을 하여 주어, 목적어, 보어로 쓰인다.

| that ~하는 것 | if ~인지 (아닌지) | whether ~인지 (아닌지) | 의문사 | 복합관계대명사 |

1) 명사절 접속사 that이 이끄는 절은 주어, 보어, 목적어로 쓰일 수 있다. 뒤에는 완전한 절이 온다.

My guess is [**that** they probably need more help]. 주어 My guess의 보어
내 짐작으로는 그들이 아마도 더 많은 도움을 더 필요로 할 것이다.

We think [(**that**) the accounting department could share the data]. think의 목적어
우리는 회계 부서가 자료를 공유해줄 수 있을 거라고 생각한다.

NOTE 접속사 that이 목적어 자리에 오면 생략할 수 있다.

2) whether가 이끄는 절은 주어, 보어, 목적어로 쓰일 수 있지만 if가 이끄는 명사절은 목적어로만 쓰일 수 있다. 둘 다 완전한 절을 이끈다.

I'll call Melissa and see [**if** she can switch the shift]. see의 목적어
내가 멜리사에게 전화해서 그녀가 근무 시간을 바꿔 줄 수 있는지 알아볼게.

Mr. Ahmed has to decide [**whether** he wants to be on the committee or not]. decide의 목적어
아메드 씨는 위원회에 속하고 싶은지 아닌지 결정해야 한다.

[**Whether** or not a firm is seen as socially responsible] depends on various factors. 주어
기업이 사회적으로 책임 있어 보이는지 아닌지는 다양한 요소에 달려있다.

The question is [**whether** the budget is enough]. 주격 보어
문제는 예산이 충분한지이다.

▶ whether + to부정사: ~할지

They are considering [**whether to buy** the house]. are considering의 목적어
그들은 집을 살지를 숙고하고 있다.

The board debated [**whether to file** for bankruptcy protection]. debated의 목적어
이사회는 파산 보호를 신청하지를 토론했다.

3) 의문사는 명사절을 이끈다.

의문대명사	who 누가 what 무엇이 which 어느 것이	+ 불완전한 절
의문부사	when 언제 where 어디서 why 왜 how 어떻게, 얼마나	+ 완전한 절

Even the plumber couldn't tell [**where** the sound was coming from]. tell의 목적어
완전한 절
배관공조차도 소리가 어디서 나는지 말해줄 수 없었다.

Mr. McCoist asked [**who** is willing to lead the team]. ask의 목적어
주어가 없는 불완전한 절
맥코이스트 씨는 누가 팀을 이끌 의향이 있는지 물었다.

▶ '의문사 + to부정사'도 명사 역할을 할 수 있다.

I want to know [**where to find** the best slice of pizza in the city]. know의 목적어
where + to부정사
이 도시에서 가장 맛있는 피자를 찾을 수 있는 곳이 어디인지 알고 싶다.

We'll tell you [**when to start** the repair work] soon. tell의 직접 목적어
when + to부정사
당신에게 언제 수리 작업을 할지 곧 알려드리겠습니다.

4) 복합관계대명사는 명사절과 부사절을 이끈다. 복합관계대명사는 그 자체에 선행사를 포함하며, 뒤에는 불완전한 절이 온다.

whoever	~하는 사람은 누구든(명사절), 누가 ~하든(부사절)
whatever	~하는 것은 무엇이든(명사절), 무엇이 ~하든(부사절)
whichever	~하는 것이 어느 것이든(명사절), 어느 것을 ~하든(부사절)

[**Whoever** wishes to participate in the program] must contact Mr. Jang by September 5. 명사절: 주어
프로그램에 참여하고자 하는 사람은 누구든 9월 5일까지 장 씨에게 연락해야 한다.

[**Whoever** started those rumors], they are not true. 부사절
누가 그 소문을 냈든지, 그것들은 사실이 아니다.

We will provide [**whatever** support you need]. 명사절: provide의 목적어
우리는 당신이 필요로 하는 어떤 지원이든 제공할 것입니다.

[**Whatever** he does], he wants to succeed at it. 부사절
그가 무엇을 하든, 그는 성공하기를 원한다.

You can choose [**whichever** route you prefer]. 명사절: choose의 목적어
당신이 선호하는 경로가 어느 것이든 당신은 그것을 고를 수 있습니다.

vocabulary

attend 참석하다   take place 열리다   biography 전기   survive 견디다   worth 가치 있는   speculate 추측하다   run 운영하다   hesitate 주저하다   probably 아마도   responsible 책임이 있는   debate 토론하다   bankruptcy 파산

출제 핵심 패턴 익히기

26. 사람 선행사는 who, 사물/동물 선행사는 which가 이끄는 절이 수식한다.

관계대명사 문제는 앞에 나오는 선행사를 보고 판단하여 답을 고르는 문제이다. 관계대명사 that은 who와 which를 대체할 수 있으나 쉼표와 전치사 뒤에는 올 수 없다.

또한 뒤에 완전한 절이 오는 whose, 선행사를 포함하는 what처럼 특별한 용법을 잘 기억해야 한다.

Step by Step

예제 26-1

All applicants ------- have at least 2 years' experience will be interviewed after passing the first test.

(A) who (B) which
(C) during (D) for

1. 빈칸 뒤는 주어가 없는 불완전한 절이 왔어.
2. 절을 이끌 수 없는 전치사 (C)는 탈락. (D)도 접속사로 쓰일 때는 완전한 절만 이끄므로 탈락.
3. 이 불완전한 절은 빈칸 앞에 있는 명사구 All applicants를 수식해. 그러니 사람 선행사를 수식하는 관계대명사를 고르면 돼.
4. 정답은 (A)!

예제 26-2

All visitor parking lots ------- are located near the entrance are full.

(A) which (B) who
(C) they (D) he

1. 빈칸 뒤는 주어 없는 불완전한 절.
2. 인칭대명사 (C), (D)는 절을 이끌 수 없으니 탈락.
3. 사물 선행사 parking lots(주차장)을 수식하는 절을 이끌 관계대명사를 골라야 해.
4. 정답은 (A)!

예제 26-3

The employees ------- participate in the company outing should bring their own food.

(A) which (B) that
(C) they (D) he

1. 빈칸 뒤는 주어 없는 불완절한 절.
2. 인칭대명사 (C), (D)는 절을 이끌 수 없으니 탈락.
3. the employees는 사람 선행사야.
4. 보기에 사람 선행사를 수식하는 절을 이끄는 who는 없지만, who를 대체할 수 있는 that이 있네.
5. 정답은 (B)!

예제 26-4

ETA Co. is an international cosmetics company ------- products meet domestic needs.

(A) who (B) which
(C) whose (D) their

✏️ 직접 풀이 과정을 쓰면서 문제를 풀어보세요.

1. (빈칸 뒤) _____.
2. (보기 분석) _____.
3. (선행사 분석) _____.
4. 정답은 _____.

27. 관계대명사 뒤에는 불완전한 절이, 관계부사 뒤에는 완전한 절이 온다.

보기에 관계대명사와 관계부사가 같이 있다면, 빈칸 뒤에 오는 절이 완전한지 아닌지를 먼저 판단해야 한다. 완전한 절이라면 선행사 종류에 어울리는 관계부사를 고르고, 불완전한 절이라면 선행사 종류에 어울리는 관계대명사를 고르면 된다.

예제 27-1

Fortis has recently renovated many of its computer shops ------- are located in department stores throughout the nation.

(A) who (B) which
(C) where (D) when

Step by Step

① 빈칸 뒤는 주어가 없는 불완전한 절이 왔어.
② 보기 중 불완전한 절을 이끄는 것은 관계대명사 (A), (B)야.
③ 선행사 its computer shops (컴퓨터 상점)가 사물이네. 사물을 수식하는 관계대명사를 고르면 되겠다. 빈칸 뒤에 오는 불완전한 절을 확인하지 않고 장소 선행사를 수식하는 관계부사 where을 골랐다면 틀릴 뻔했어.
④ 정답은 (B)!

예제 27-2

Mr. Anthon is expected to be relocated to headquarters, ------- he will take over the managerial position left vacant due to the recent retiring of an executive.

(A) where (B) when
(C) that (D) which

✏️ 직접 풀이 과정을 쓰면서 문제를 풀어보세요.

① (빈칸 뒤) _____.
② (보기 분석) _____.
③ (선행사 분석) _____.
④ 정답은 _____.

예제 27-3

A representative from Koo Fung Mobile will arrive next Saturday at 10 A.M., ------- the Smart Phone Expo is held at the Corner Hotel.

(A) which (B) when
(C) where (D) who

① (빈칸 뒤) _____.
② (보기 분석) _____.
③ (선행사 분석) _____.
④ 정답은 _____.

출제 핵심 패턴 익히기

28. 명사절 접속사는 앞에는 불완전한 절이 온다.

부사절 접속사는 빈칸 앞뒤로 완전한 절이 오지만, 명사절은 주어, 목적어, 또는 보어가 없는 불완전한 절 뒤에서 명사 역할을 한다. 의문사와 선행사를 포함하는 관계대명사 what 역시 명사절 접속사로 쓰일 수 있음을 기억하라.

예제 28-1

The survey results indicated ------- most consumers prefer to purchase items from the website for convenience.

(A) unless
(B) that
(C) still
(D) as to

Step by Step
1. 빈칸 뒤 절은 주어, 동사, 목적어를 갖춘 완전한 절이야.
2. 보기 중 부사 (C)와 전치사 (D)는 절을 이끌 수 없으니 정답이 아니지.
3. 남은 보기 중 (A)는 부사절 접속사, (B)는 명사절 접속사야. 부사절 접속사는 앞뒤로 완전한 절이 오는데, 빈칸 앞 절에는 동사 indicated의 목적어가 없어.
4. 빈칸은 목적어 역할을 할 수 있는 명사절이 필요하네.
5. 정답은 (B)!

예제 28-2

The IT department will explain ------- you can upload and download the materials using the new software system.

(A) who
(B) how
(C) in case
(D) once

1. 빈칸 뒤는 주어, 동사, 목적어를 갖춘 완전한 절이 왔어.
2. 보기는 모두 접속사네. (A), (B)는 명사절 접속사나 형용사절 접속사로 쓰이고, (C), (D)는 부사절 접속사야.
3. 빈칸 앞 절은 explain의 목적어가 없어 불완전해. 불완전한 절 뒤에는 명사절 접속사가 와.
4. (A), (B) 중 해석을 통해 빈칸에 들어갈 말을 고르면 되겠다. 빈칸 뒤 절은 업로드하고 다운로드하는 '방법'에 관한 내용이네.
5. 정답은 (B)!

예제 28-3

Ventura Inc. has conducted several surveys to find out ------- the younger generation likes and is interested in.

(A) what
(B) while
(C) that
(D) unless

✎ 직접 풀이 과정을 쓰면서 문제를 풀어보세요.

1. (빈칸 앞) _____.
2. (빈칸 뒤) _____.
3. 정답은 _____.

29. if와 whether는 결정 동사(decide, determine, choose 등)의 목적어로 자주 출제된다.

if는 부사절 접속사로도 사용되는데, 명사절 접속사인 경우 목적어 역할만 담당함에 주의한다. 다만, Part 5&6에서 명사절 if는 부사절 if에 비해 자주 출제되지 않는 편이다.

if가 이끄는 명사절은 동사의 목적어로만 쓰일 수 있는 반면 whether는 주어, 목적어, 보어로 쓰일 수 있으며, to부정사를 이끌고, 전치사 뒤에 올 수 있는 등 if와 구별되는 특징을 가지고 있다.

예제 29-1

Melton Company will determine ------- to expand into the Latin American market at the next meeting.

(A) whether   (B) during
(C) that   (D) once

Step by Step

① 빈칸 뒤는 절이 아니라 to부정사구가 왔네.
② to부정사는 전치사 뒤에 올 수 없으니 (B)는 정답이 될 수 없어. 남은 접속사 중 to부정사를 이끌 수 있는 것은 whether뿐이지.
③ 정답은 (A)!

예제 29-2

Ms. Torres asked ------- it would be possible to increase the size of the image.

(A) what   (B) which
(C) that   (D) whether

① 빈칸 뒤는 주어, 동사, 보어를 갖춘 완전한 절이 왔어.
② 보기 중 완전한 절을 이끌 수 있는 접속사는 (C)와 (D)야.
③ 해석상 가능한지 아닌지를 묻고 있다고 봐야 자연스러워. ask 뒤에 that이 이끄는 명사절이 오면 '~을 요청하다'라는 뜻이야.
④ 정답은 (D)!

예제 29-3

Customers can choose ------- to pick up their goods at the store or have them delivered.

(A) what   (B) if
(C) whether   (D) once

✏️ 직접 풀이 과정을 쓰면서 문제를 풀어보세요.
① (빈칸 뒤) _____.
② (보기 분석) _____.
③ 정답은 _____.

예제 29-4

Talcome, Inc will have to evaluate ------- it can get a fair return on its investment.

(A) that   (B) if
(C) which   (D) though

① (빈칸 뒤) _____.
② (보기 분석) _____.
③ 정답은 _____.

이것만은 꼭!

📍 접속사 that과 자주 쓰이는 동격 표현

the fact that ~라는 사실	the news that ~라는 소식
the rumor that ~라는 소문	the idea that ~라는 생각
the opinion that ~라는 의견	the report that ~라는 보고
the conclusion that ~라는 결론	the statement that ~라는 진술

📍 토익에 자주 나오는 '형용사 + that절' 표현

사람 주어 + be동사	aware	that	~을 알고 있다
	afraid		~이 걱정되다
	sure / certain / confident		~을 확신하다
	grateful		~이 감사하다
	ashamed		~이 부끄럽다
	pleased		~라니 기쁘다
	sorry		~라니 유감이다
It is	likely		~할 확률이 크다
	possible		~하는 것이 가능하다

📍 토익에 자주 나오는 '동사 + that절' 표현

announce that ~하다는 것을 발표하다	explain that ~하다는 것을 설명하다
mention that ~하다는 것을 언급하다	say that ~하다는 것을 말하다
inform + 사람 + that …에게 ~하다는 것을 알리다	advise + 사람 + that …에게 ~하라고 충고하다
remind + 사람 + that …에게 ~하다는 것을 상기하다	convince + 사람 + that …에게 ~하다는 것을 확신시키다
notify + 사람 + that …에게 ~하다는 것을 통지하다	assure + 사람 + that …에게 ~하다는 것을 보장하다

한눈에 복습하는 명사절 접속사와 형용사절 접속사

접속사

관계대명사
- 선행사를 수식하는 형용사절을 이끄는 접속사이자 대명사
- whose를 제외한 관계대명사는 불완전한 절을 이끈다.
- 사람 선행사 who, 사물 선행사 which, 사람/사물 선행사 that

관계부사
- 선행사를 수식하는 형용사절을 이끄는 접속사이자 부사
- 관계부사는 완전한 절을 이끈다.
- 시간 선행사 when, 장소 선행사 where, 방법 선행사 how, 이유 선행사 why

명사절 접속사
- that(~하는 것) + 완전한 절
- whether/if(~인지 아닌지) + 완전한 절
- 관계대명사 what + 불완전한 절
- 의문대명사(who, what, which) + 불완전한 절
- 의문부사(when, where, why, how) + 완전한 절

Quick Quiz

빈칸에 알맞은 것을 고르세요.

1. We tried to explain (which / that) the information on the flyers was wrong.

2. I'm sure (what / that) the situation is improving.

3. They are of the (rumor / opinion) that taxes should be lower.

4. It is (like / likely) that people will complain about the traffic around the park.

5. He's never mentioned (who / that) his cousin works here, too.

6. The landlord has now (notified / said) us that we must vacate the storage space.

7. (What / That) is worse, Tom got kicked out of the house.

8. They assured me (whose / that) my insurance would cover the damage.

정답 1. that 2. that 3. opinion 4. likely 5. that 6. notified 7. What 8. that

실전 감각 익히기

• Step by Step에 직접 풀이 과정을 쓰면서 문제를 풀어보세요.

1 During the special meeting, the board of directors will determine ------- or not to transfer the headquarters to New York.

(A) whether
(B) once
(C) either
(D) however

2 Charlie Chen, ------- reputation in the advertising field is firmly established, has joined our firm.

(A) whose
(B) whom
(C) their
(D) which

3 The HR department will start reviewing the resumes ------- have been received during this quarter's recruitment period.

(A) who
(B) which
(C) they
(D) its

4 ------- wishes to learn the new editorial program can contact Mr. David in the IT department.

(A) Who
(B) Whoever
(C) When
(D) Since

5 It is imperative ------- employees on the assembly line be contracted for a full-time job by the end of the year.

(A) which
(B) unless
(C) that
(D) to

Questions 6-9 refer to the following memo.

Spa Coordinator Wanted

Therma Spa at Bath is seeking a highly motivated individual to fill the role of Spa Coordinator. We take pride in delivering 5-star customer service and quality care to each and every customer ------- **6.** enters our facility.

Beyond the responsibility of scheduling appointments and cashiering, the ------- **7.** also entails overseeing the day-to-day operations of the spa by assisting customers and spa technicians. This may include working at the front desk, helping with stocking of spa products, and providing information about spa products to curious guests. -------. **8.**

Qualified candidates, please e-mail your résumé and salary requirements to therma@spabath.com. Do not forget to ------- when you're available for an interview. **9.**

6
(A) which
(B) how
(C) what
(D) who

7
(A) necessity
(B) sponsorship
(C) commitment
(D) position

8
(A) The coordinator should be ready to help whenever and wherever it's needed.
(B) We'll endeavor to maintain our status of 100% customer satisfaction.
(C) The guests will be pleased with the service you provide.
(D) This spa program is specially designed for the care of body and mind.

9
(A) indicate
(B) indicating
(C) was indicated
(D) indicates

Chapter 10 ACTUAL TEST

학습 목표

지금까지 배운 비법의 힘을 확인할 수 있는 모의고사이다. 제대로 비법을 숙지했는지 점검할 수 있는 기회이니 진짜 시험이라고 생각하고 시간 분배까지 신경 써보자.
틀린 문제는 제대로 숙지하지 못한 비법이다. 그러니 채점 후 복습까지 꼼꼼하게 할 것.

문제 풀이 시작 시간:＿＿＿＿＿＿＿＿

문제 풀이 마친 시간:＿＿＿＿＿＿＿＿

Chapter 10 ACTUAL TEST

READING TEST

In the Reading test, you will read a variety of texts and answer several different types of reading comprehension questions. The entire Reading test will last 75 minutes. There are three parts, and directions are given for each part. You are encouraged to answer as many questions as possible within the time allowed.

You must mark your answers on the separate answer sheet. Do not write your answers in the test book.

PART 5

Directions: A word or phrase is missing in each of the sentences below. Four answer choices are given below each sentence. Select the best answer to complete the sentence. Then mark the letter (A), (B), (C), or (D) on your answer sheet.

101. In-Cheon Bistro House is pleased to ------- Mr. Damon's promotion to the senior manager position which is responsible for overseeing 5 branches in Korea.

(A) announce
(B) announced
(C) will announce
(D) announces

102. The training workshop will be ------- by experts in the computer engineering industry including Dr. Han, a senior researcher of Max Institute.

(A) updated
(B) attended
(C) participated
(D) placed

103. The payroll department ------- that all employees' account numbers be confirmed for direct deposit.

(A) anticipated
(B) allowed
(C) prepared
(D) required

104. Many analysts proposed ------- marketing plans for the next quarter's revenue.

(A) revise
(B) revision
(C) revised
(D) revises

105. Ms. Hazami should finish the spending trend report before ------- schedules a meeting with her immediate supervisor.

(A) she
(B) her
(C) hers
(D) herself

106. The new desks and other furniture for the renovated dormitory will be delivered ------- Sunday.

(A) for
(B) along
(C) into
(D) on

107. ------- working with Tor Bistro in New York for 5 years, Canton Jackson returned to his hometown to open his own business.

(A) Before
(B) After
(C) Since
(D) By

108. After negotiating for 3 months, Green Bird's founder and stockholders ------- agreed to expand into the Chinese market.

(A) similarly
(B) automatically
(C) consecutively
(D) finally

109. Thanks to your ------- in the Winter Music Festival last week, we set a record for highest attendance.

(A) participate
(B) participates
(C) participated
(D) participation

110. According to the notice released today, Richland Department Store will be closed ------- power outage.

(A) since
(B) notwithstanding
(C) however
(D) due to

111. Marco Appliances' managers who exceed the expected sales goals will ------- receive an incentive and special benefit package.

(A) previously
(B) carefully
(C) promptly
(D) noticeably

112. Under the ------- of the short-term contract, employees will be eligible for paid vacation after a 6-month probation period.

(A) condition
(B) conditions
(C) conditioned
(D) conditioning

113. If employees are unable to attend the technical presentation, please choose an alternate date ------- in the attached schedule.

(A) indicate
(B) indicated
(C) indicating
(D) indication

114. Those ------- receive an outstanding rating will be rewarded with an extra five days of paid leave.

(A) who
(B) where
(C) they
(D) what

115. During Ms. Hassell's absence, please forward all questions regarding new property to Mr. Keaton -------.

(A) direction
(B) to direct
(C) directly
(D) will direct

116. Even though the consultant originally expressed concern about this investment, he ------- agreed with our suggestion.

(A) later
(B) completely
(C) totally
(D) nearly

117. If existing subscribers upgrade to a premium contract, we will offer them a 10% discount coupon ------- free delivery.

(A) because of
(B) furthermore
(C) while
(D) as well as

118. Travel Today, hosted by John Wallace, ------- recent trends in the tourism industry on Mondays at 7 P.M.

(A) analyzes
(B) analyze
(C) analyzing
(D) has analyzed

119. Mr. Courtier's proposal to add a wing to the Texas branch was ------- by the board of directors.

(A) composed
(B) disappointed
(C) approved
(D) satisfied

120. Since Ms. Cotten is always polite and ------- towards colleagues, she is well-reputed in the company.

(A) consideration
(B) considerate
(C) considerately
(D) considered

GO ON TO THE NEXT PAGE

121. On account of recent successes, Tudor Contents plans to add 10 new branches ------- the nation.

(A) throughout
(B) until
(C) therefore
(D) as of

122. The administrative manager should ------- employees work more efficiently.

(A) advise
(B) deny
(C) grant
(D) help

123. Blue Apparel's designers often work ------- with the advertising department in order to meet customers' needs.

(A) collaboration
(B) collaborated
(C) collaboratively
(D) collaborative

124. Ms. Levinson will report to the executives ------- we receive the survey results.

(A) as soon as
(B) however
(C) nevertheless
(D) instead of

125. ------- at the architectural conference was even higher than originally anticipated.

(A) Attend
(B) Attendant
(C) Attending
(D) Attendance

126. The administrator is in charge of ------- and analyzing problems in the manufacturing plant.

(A) introducing
(B) proposing
(C) worsening
(D) recognizing

127. The newly ------- espresso machine is tremendously popular among coffee enthusiasts and baristas.

(A) released
(B) possible
(C) consistent
(D) appointed

128. Employees who want to receive a ------- for their business travel should send the expense form accompanied by original receipts to the accounting department.

(A) position
(B) reimbursement
(C) benefit
(D) solicitation

129. Each department head will determine ------- to purchase new office furniture or not before the relocation.

(A) whether
(B) once
(C) while
(D) that

130. Please complete the enclosed questionnaire to let us know how ------- your experience with our new mobile game has been.

(A) economical
(B) affordable
(C) enjoyable
(D) frequent

PART 6

Directions: Read the texts that follow. A word or phrase is missing in some of the sentences. Four answer choices are given below each of the sentences. Select the best answer to complete the text. Then mark the letter (A), (B), (C) or (D) on your answer sheet.

Questions 131-134 refer to the following e-mail.

From: Bill Tang <billtang@fineelectronics.com>

To: Michelle Tomas <tomas@gomail.com>

Date: April 5th

Subject: Application

Thanks for your interest in our job opening. After ------- your resume and application, we concluded that your skills and experience will be an ideal fit for our PR department.
131.

-------. Your former colleagues think highly of you, and your past performance review is excellent.
132.

Before we ------- a long-term contract with you, please note that you should ------- an interview time on our website.
133.   **134.**

Sincerely,

Bill Tang

Fine Electronics

---

131. (A) review
(B) reviewing
(C) reviewed
(D) to review

132. (A) In particular, I was impressed by the information indicated in the reference letter.
(B) Thank you for purchasing items.
(C) We can send you a copy of the contract right away.
(D) Please refer to the job description.

133. (A) are discussed
(B) discuss
(C) will discuss
(D) discussing

134. (A) select
(B) invite
(C) resign
(D) enclose

Questions 135-138 refer to the following information.

All Right Exercise Expo

Are you looking for state-of-the-art exercise equipment? Do you need a fitness program with an experienced trainer? Just visit the booths of the ARE Expo. We will ------- your all needs!
135.

This year, the expo will be held at the main conference hall in the International Hotel from June 21 to 24. ------- 50 nutrition and sports companies and about 200 famous athletes
136.
will be participating.

Please find the enclosed brochure ------- the expo. -------.
137. **138.**
If you have any questions, please contact us at 651-350-8669. Thank you.

---

135. (A) cancel
(B) meet
(C) include
(D) add

136. (A) More
(B) Over
(C) Into
(D) For

137. (A) concern
(B) concerned
(C) concerns
(D) concerning

138. (A) This event was held in Chinatown.
(B) The criteria are the same as those used last year.
(C) It includes price information, event schedules and directions.
(D) Please speak with your supervisor or visit the offline store.

Questions 139-142 Questions refer to the following e-mail.

To: Santos Mercy <santos@keymedia.com>

From: Fernando Davidson <customer@tallandbigapparel.com>

Date: July 1, 11:45 A.M.

Subject: Order #3948

Dear patron,

First of all, thanks for your order as a valued customer, we have appreciated your ------- **139.** since 2010. But, unfortunately, the brown leather jacket you ordered(#3948) is ------- **140.** out of stock.

-------. **141.** If you would like to change your order, we can offer you 20% off and free shipping. In addition, we will provide you with our newly-released catalogue and a gift certificate of $20.

------- **142.** Tall and Big, we apologize for the inconvenience. If you are interested, please call or e-mail us.

We look forward to hearing from you again in the future.

Sincerely,

Fernando Davidson

Tall and Big Customer Relations Department

139. (A) proposal
(B) agenda
(C) donation
(D) patronage

140. (A) temporary
(B) temporarily
(C) temporariness
(D) temporalize

141. (A) However, we have the same style jacket in black in stock.
(B) Therefore, you can use this voucher until the end of March.
(C) Note that our new store will open soon.
(D) The CEO is announcing advertising fee increases.

142. (A) In order to
(B) For example
(C) Except
(D) On behalf of

Questions 143-146 refer to the following article.

Inter Office Newsletter

The personnel department announced yesterday that Ms. Ullys, the head of the finance department, ------- to vice president. ------- April 1, she will begin her new role, whose tasks
      143.   144.
include directing the new terminals construction project and all marketing campaigns.

Ms. Ullys has over 10 years of successful experience as the head of the finance and marketing department.

------- she has received many compliments for her outstanding work since she began her
145.
career in the accounting department as a bookkeeper.

Tomorrow, a celebration will take place in the cafeteria on the second floor. -------.
                                                                              146.

143. (A) will promote
     (B) will be promoted
     (C) promoting
     (D) has promoted

144. (A) As of
     (B) Until
     (C) Along
     (D) More than

145. (A) However
     (B) Instead
     (C) Ever since
     (D) In addition

146. (A) I look forward to working with your team in the near future.
     (B) During that time, only those with a parking permit can use it.
     (C) Please let Ann Heather, my assistant(extension 554), know if you can attend the event.
     (D) It is kept there for up to 100 hours.

MEMO

MEMO

MEMO

토익 적중 비법 노트
Part 5&6

초판 1쇄 인쇄 2018년 12월 13일
초판 1쇄 발행 2018년 12월 26일

지은이 최진혁
연구개발 키 영어학습방법연구소
펴낸이 김기중
펴낸곳 ㈜키출판사
전화 1644-8808 / **팩스** 02)733-1595
등록 1980. 3. 19.(제16-32호)

정가 12,000원
ISBN 979-11-89719-01-2 (13740)
Copyright © 2018 ㈜키출판사
Photo Credits © Shutterstock.com, ㈜키출판사
홈페이지 : http://www.englishbus.co.kr
e-mail : company@keymedia.co.kr

이 책의 무단 복제, 복사, 전재는 저작권법에 저촉됩니다.
잘못 만들어진 책은 구입처에서 바꾸어 드립니다.

일단은 점수부터!

토익 : 적중 비법노트

PART 5·6

정답과 해설

교육 R&D에 앞서가는
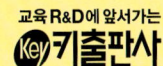
키출판사

일단은 점수부터!
토익:적중 비법노트 PART 5·6
정답과 해설

정답과 해설

Chapter 1 명사

출제 핵심 패턴 익히기

예제 1-1
정답 (B)
해석 그 학교는 사무용품 업체로부터 특별 주문을 할 것이다.
해설 빈칸 앞쪽에 관사 a가 왔지만 빈칸 뒤에 이미 명사가 왔으므로 빈칸에는 형용사가 들어가야 한다.
어휘 place an order 주문하다 office supply 사무용품

예제 1-2
정답 (A)
해석 이 연구에 적합한 참여자들은 클리닉에서의 대면 인터뷰에 초청되었다.
해설 Step by Step 참고
어휘 eligible 적격의 participant 참가자

예제 1-3
정답 (C)
해석 케미테크는 전국적인 브랜드에 대한 지역적 대안으로 그들 스스로를 홍보할 계획이다.
해설 빈칸 앞쪽에 관사 a가 왔다. 빈칸 뒤에는 전치사 to가 왔으니 빈칸은 관사 끝부분이며, 관사 끝부분은 명사 자리이다.
어휘 plan 계획하다 local 지역의 alternative 대안 national 전국적인

예제 2-1
정답 (D)
해석 케이지 커버 사는 아시아 지역으로의 진출을 가속화하기 위하여, 중국에 있는 3개의 제조 공장들을 인수했다.
해설 Step by Step 참고
어휘 purchase 구입하다 manufacturing 제조의 plant 공장 expansion 확장

예제 2-2
정답 (B)
해석 그녀의 뛰어난 업적을 기리기 위하여, 그 기관에서는 그녀에게 상을 수여할 계획이다.
해설 Step by Step 참고
어휘 honor 기리다 excellent 뛰어난 organization 조직

예제 2-3
정답 (A)
해석 인사부에 제출하기 전에 당신의 지원서를 주의 깊게 검토해 주세요.
해설 빈칸 앞에 소유격 your가 왔다. 빈칸 뒤는 부사이니, 빈칸은 관사 끝자리이며 명사가 와야 한다.
어휘 look over 검토하다 application 지원서 submit 제출하다 personnel department 인사부

예제 3-1
정답 (A)
해석 그 회사는 최근 인수합병 계약 협상을 도와줄 회계사 한 명을 고용했다.
해설 Step by Step 참고
어휘 hire 고용하다 accountant 회계사 negotiations 협상

예제 3-2
정답 (C)
해석 직원들은 혜택을 줄이려는 최근의 조치를 걱정하고 있다.
해설 Step by Step 참고
어휘 concerned 걱정하는, 염려하는 cut back 축소하다

예제 4-1
정답 (D)
해석 고객 관계 부서에서는 스마트폰 산업의 최신 경향을 분석하기 위한 도움을 찾고 있다.
해설 Step by Step 참고
어휘 relation 관계 analyze 분석하다 latest 최근의 assistance 도움, 지원

예제 4-2
정답 (D)
해석 프루이트 씨는 알래스카에서의 모든 계약과 프로젝트에 대해 책임질 것입니다.
해설 Step by Step 참고
어휘 assume 맡다 contract 계약

예제 4-3
정답 (B)
해석 웹사이트에 있는 자료를 복사하거나 배포하는 것에 대한 허락을 요청하시려면, 저희에게 연락하세요.
해설 빈칸 앞 to부정사인 to request가 단서이다. 3형식 능동태 동

사의 끝부분에는 목적어 역할을 할 명사가 오는데 이는 to부정사나 동명사 형태일 때도 마찬가지이다.

어휘 request 요청하다 permission 허가 reproduce 복제하다 distribute 배포하다 material 재료, 내용 contact 접촉하다

Quick Quiz

1. (C) 2. (B) 3. (B), (C) 4. (B) 5. (B) 6. (A) 7. (D)
8. (D)

실전 감각 익히기

1. (C) 2. (A) 3. (C) 4. (B) 5. (C) 6. (C) 7. (A) 8. (B) 9. (B)

1 정답 (C)

해석 스포츠 클리닉의 브레든 박사와 약속은 긴급한 문제로 인해 일정이 변경되었다.

해설 빈칸 앞에 관사 The가 왔고 빈칸 뒤는 전치사 with이니 빈칸은 관사 끝부분으로 명사가 와야 한다. 보기 중 명사는 (C) appointment와 (D) appointments가 있는데, 뒤에 오는 be동사 was의 수에 맞춰 단수 형태인 (C)를 골라야 한다.

어휘 appointment 예약 reschedule 일정을 변경하다 urgent 긴급한

2 정답 (A)

해석 신입 사원들이 수습 기간을 마치면, 정규직이 될 자격을 얻게 될 것이다.

해설 빈칸 앞에 동사 complete가 왔고, 빈칸 뒤는 콤마(,)가 왔으므로 빈칸은 동사 끝자리 즉, 명사가 와야 할 자리이다. 보기 중 명사는 (A) probation(수습, 근신), (D) probationer(수습 직원, 보호 관찰 대상자)가 있는데 사람 명사는 관사나 소유격 없이는 쓸 수가 없으므로 사물 명사를 고른다.

어휘 probation 수습, 근신, 보호관찰 be eligible to ~할 자격이 있다

3 정답 (C)

해석 고객 불만에 관련한 문제점들을 신속하게 처리하기 위하여, 모든 질문들은 관련 부서로 직접 전달되어져야 한다.

해설 앞에는 한정사 all이 있으므로, 명사가 와야 함을 알 수 있다. 또는 빈칸 뒤 조동사(should)를 보고 빈칸은 명사가 와야 할 주어 자리임을 알 수도 있다. 보기 중 명사는 (C) inquiries 뿐이지만 어휘 학습을 충분히 하지 않은 학습자라면 단수동사 형태인 (B) inquires와 헷갈릴 수 있다.

어휘 quickly 빠르게 regarding ~에 관하여[대하여] complaint 불평, 불만

4 정답 (B)

해석 연간 미팅과 관련된 법률 문서들은 본사 2층에 있습니다.

해설 'There + be + 명사(주어)' 구문으로 '~이 있다'라고 해석한다. there 구문의 be동사는 뒤에 나오는 명사에 수를 일치해 주어야 한다. be동사 are이 복수이므로 뒤에 복수 명사가 이어져야 한다.

어휘 legal 법적인 document 문서

5 정답 (C)

해석 메트로 연구소의 모든 기술자들은 반드시 석사 학위를 소지하여야 하며, 직업 관련 자격증의 사본 제출을 요청받을 것이다.

해설 빈칸 앞에 소유격 Laboratory's가 왔으므로 빈칸에는 명사가 들어가야 한다. 사람 명사 (C) technicians나 사물 명사 (D) technicality 중 빈칸 뒤의 동사구 must have와 의미적으로 어울리는 주어는 (C)이다.

어휘 laboratory 연구소 degree 학위 license 자격증

6-9 안내문

노스텔지아 테라스에 오신 것을 환영합니다! 저희와의 숙박을 선택해 주셔서 기쁩니다. 노스텔지아 테라스 관리 및 서비스 직원들은 당신을 도와드리고 기대를 충족시키려고 노력할 준비가 언제나 되어 있습니다. 객실, 물품 및 시설, 서비스 전반에 관한 무엇이든 언제라도 저희에게 물어보십시오.

4층에 위치한 스포츠 시설을 이용하고자 할 경우에는, 예약 번호를 가져오시기 바랍니다. 시설 입구에 비치된 안전 수칙을 읽어주시길 요청드립니다.

프런트 데스크는 당신을 지원하기 위해 24시간 열려 있습니다! 저희는 또한 www.nostalgia-guests.com이라는 체크인 고객 전용 웹사이트를 가지고 있습니다. 이 웹사이트에서 룸서비스를 바로 주문할 수 있습니다.

당신을 알게 되기를 기대합니다.

노스텔지아 테라스 관리 및 서비스 팀

어휘 pleased 기쁜, 즐거운 choose 고르다, 선택하다 stay 머무르다, 숙박하다; 숙박 staff 직원들 meet one's expectation ~의 기대에 부응하다 related to ~와 관련된 property 자산, 소유물 facility 시설

locate 위치하다 regulation 규정, 수칙 place 위치하다, 놓다 assist 협조하다, 돕다 get to know 알게 되다

6 정답 (C)
해석 (A) 사이가 좋지 않은 (B) 요청에 따라 (C) 전반적으로 (D) 미리
해설 숙박 업소에서 고객들에게 시설 안내를 하고 있으므로 전반적인 사항에 관해 문의를 달라는 의미가 되어야 자연스럽다.

7 정답 (A)
해석 (A) 이용하다 (B) 관리하다 (C) 얻다 (D) 연결하다
해설 스포츠 시설과 관련하여 예약 번호를 가져오라는 조건을 붙이고 있다. 예약 번호는 특정 장소를 이용하기 위해 필요한 것이므로 (A) use가 정답이다.

8 정답 (B)
해설 빈칸 앞에 관사 the가 왔고, 뒤에는 전치사 to가 와서 막혔다. 관사 끝부분은 명사 자리이다. 보기 중 명사는 (B) entrance(입구)와 (C) entry(입장, 등장)가 있다. 안전 수칙이 비치된 '장소'가 빈칸에 들어가는 것이 자연스럽다.

9 정답 (B)
해석 (A) 무료 아침 뷔페가 포함되어 있습니다.
(B) 이 웹사이트에서 룸 서비스를 바로 주문할 수 있습니다.
(C) 개인 정보를 공유하실 필요 없습니다.
(D) 최소 24시간 전의 취소 통지를 필요로 합니다.
해설 빈칸 앞 문장에서 웹사이트 주소를 안내하였으므로 웹사이트에 관한 내용이 이어지는 것이 자연스럽다.

Chapter 2 대명사

출제 핵심 패턴 익히기

예제 5-1
정답 (A)
해석 스타인하트 씨가 대량 구매 견적에 대하여 몇몇 질문들이 있다면, 그는 판매 매니저에게 연락을 해야 한다.
해설 Step by Step 참고
어휘 inquiry 질문 estimate 견적

예제 5-2
정답 (A)
해석 등록 기간 말까지 도메인이 갱신되지 않는다면, 그것은 우리 회사 규정에 따라 만료될 것이다.
해설 Step by Step 참고
어휘 renew 갱신하다 registration 등록

예제 5-3
정답 (D)
해석 살비 씨는 그녀가 잠재적 이해 상충에 관해 알 권리가 있다고 믿는다.
해설 빈칸 뒤에 동사 has가 있으니 빈칸은 주어 자리이다. 보기 중 주어 자리에 올 수 있는 것은 소유대명사 (A) hers와 주격 인칭대명사 (D) she가 있다. 권리를 가지고 있는 주체로서 사물보다 사람이 더 어울린다.
어휘 potential 잠재적인 conflict 갈등, 충돌

예제 5-4
정답 (A)
해석 테일러 씨가 유능한 관리자라는 것에는 의심의 여지가 없으나 그는 도움이 필요하다.
해설 빈칸 뒤에 동사 needs가 나왔으므로 빈칸은 주어 자리이다. 보기 중 주어 자리에 올 수 있는 것은 주격 인칭대명사 (A) he와 소유대명사 (B) his가 있다. 도움을 필요로 하는 주체로는 사람이 더 어울린다.
어휘 doubt 의심 competent 유능한 administrator 관리자, 행정인

예제 6-1
정답 (C)
해석 로페즈 씨가 마케팅 보고서 요약본을 끝내는 동안, 나의 것은

하퍼 씨에 의해 수정되어졌다.
해설 Step by Step 참고
어휘 summary 요약본 revise 수정하다

예제 6-2
정답 (B)
해석 최종 결정을 하기 전에 계약서의 조항들을 철저하게 검토하세요.
해설 Step by Step 참고
어휘 go over 검토하다 the terms and conditions 조항들 thoroughly 철저하게

예제 6-3
정답 (C)
해석 헤르만 씨는 국내 병원들과의 협업을 통해 노화 방지 제품들을 개발함으로써 그녀만의 사업을 시작했다.
해설 Step by Step 참고
어휘 cooperatively 협력하여, 협조적으로 domestic 국내의

예제 7-1
정답 (C)
해석 야마가타 씨는 자신이 오랜 기간 동안 사려 깊은 매니저임을 스스로 증명해왔다.
해설 Step by Step 참고
어휘 prove 증명하다 considerate 사려 깊은

예제 7-2
정답 (C)
해석 사와사키 씨는 동료의 결근으로 인해 회의를 위한 준비를 혼자서 끝마쳐야 한다.
해설 Step by Step 참고

예제 7-3
정답 (D)
해석 부회장은 연례 컨퍼런스에서 직접 연설을 할 것이라고 기대된다.
해설 Step by Step 참고
어휘 vice president 부회장 give a speech 연설하다

예제 8-1
정답 (D)
해석 한정판 앨범을 구매하고자 하는 사람들은 대기 명단에 이름을 올려야 한다.
해설 Step by Step 참고
어휘 purchase 구매하다 limited 제한된, 한정된

예제 8-2
정답 (B)
해석 네이처 팜 그룹의 1사분기 수익은 작년의 것보다 현저하게 낮을 것이다.
해설 Step by Step 참고
어휘 profit 이익, 수익 significantly 상당히

예제 8-3
정답 (C)
해석 출시 행사에 책임이 있는 사람들이 한 시간 내에 여기 올 것이다.
해설 빈칸 뒤에 주격 관계대명사 who가 왔다. what을 제외한 관계대명사 앞에는 항상 선행사가 필요하다. 보기 중 사람 선행사로 쓰일 수 있는 것은 (C) Those 뿐이다.
어휘 be responsible for ~에 책임이 있다 launch 출시

예제 8-4
정답 (C)
해석 이 활동은 높이에 관한 공포가 있는 사람들에게 권장되지 않습니다.
해설 빈칸 뒤에 전치사 with가 이끄는 구가 나왔다. 전치사구의 수식을 받아 '공포가 있는 사람들'이란 뜻을 만드는 (C) those가 정답이다.

Quick Quiz

1. himself 그는 혼자서만 생각을 간직하려고 열심히 노력했다. 2. himself 존스 씨는 혼자서 전체 부지를 보수할 수 없다는 것을 마침내 인정했다. 3. their 응답자 중 80퍼센트가 자기의 일정에 따라 일할 수 있는 것을 좋아한다고 말했다. 4. those 실수로부터 배우는 것은 성공하고자 하는 사람들에게 중요하다. 5. those 주차 허가증을 가진 사람들만 여기에 주차할 수 있다. 6. their 워크샵 후에, 그들은 자기 기술에 대해 더 자신감을 얻었다. 7. its 시는 재정 문제에 대한 해결책을 필요로 한다. 8. yours 온전히 자기 것이 아닌 작업을 포트폴리오에 포함시키는 것을 주의하십시오.

정답과 해설

실전 감각 익히기

1. (B) 2. (D) 3. (B) 4. (C) 5. (D) 6. (A) 7. (C) 8. (B) 9. (C) 10. (A)

1 정답 (B)

해석 그의 동료들이 연회에 참석하는 동안, 페트로브 씨는 서류에 머리를 파묻고 있었다.

해설 빈칸 뒤에는 명사가 있으므로 빈칸에는 명사를 수식할 수 있는 성분이 필요하다. 보기 중 명사를 한정하는 소유격 (B) his가 정답이다.

어휘 colleague 동료 reception (축하) 연회

2 정답 (D)

해석 로건 씨 자신이 허위 출장 경비 청구로 조사받는 중에 있다.

해설 빈칸이 속한 절은 주어 Ms. Logan, 동사 is, 주격 보어 under investigation을 갖춘 완전한 절이다. 따라서 빈칸에는 부사로 쓰일 수 있는 재귀대명사 (D) herself가 들어가야 한다.

어휘 under investigation 조사 중 false 허위의 expense 비용

3 정답 (B)

해석 뉴 무브 어패럴 사의 매니저들은 훈련 워크숍을 위해 웨스턴 호텔에 머물렀다.

해설 빈칸 뒤에는 명사구가 왔다. 보기 중 명사 앞에 올 수 있는 것은 소유격 (B) their뿐이다.

4 정답 (C)

해석 브라이트 씨는 프랑스에서 디자인 관련 코스를 성공적으로 마치고 난 후, 다양한 의류를 직접 디자인했다.

해설 대명사 관용 표현을 아는지 묻는 문제이다. 전치사 on과 of 뒤에 '소유격 + own'을 쓰면 '직접, 스스로'라는 뜻의 관용 어구로 쓰인다.

어휘 completion 완료 a variety of 다양한

5 정답 (D)

해석 애널리스트는 보통 지난 분기 수익 관련 자료의 분석과 그것을 회계부서로 제출하는 임무를 갖고 있다.

해설 빈칸 앞에 동명사 submitting이 나왔고, 빈칸 뒤는 전치사 to로 막혔다. 따라서 빈칸에는 목적어 역할을 하는 명사 자리에 올 수 있으면서 finance data를 대신 받을 수 있는 (D) it을 골라야 한다.

6 정답 (A)

해석 크리에이션 제약 회사에 입사하기 전, 홀리스 씨는 아무런 직무 경력이 없었다.

해설 빈칸 앞에는 완전한 절을 이끄는 부사절 접속사 before가 나왔다. 빈칸 뒤에는 바로 동사 joined가 이어지므로 빈칸은 주어 자리이다. 보기 중 주어 자리에 들어갈 수 있는 것은 주격 인칭대명사 (A) he와 소유대명사 (B) his가 있다. '입사하다'의 주어로 어울리는 것은 사람 주어이므로 he를 골라야 한다.

7 정답 (C)

해석 랜디 박사는 이번 학기에 그의 수업을 듣는 학생들에게 추천서를 써줄 예정이다.

해설 빈칸 뒤에는 관계대명사 who가 이끄는 절이 이어진다. 보기 중 who의 선행사 역할을 할 수 있는 사람 명사는 (B) anyone과 (C) those가 있다. anyone은 단수 취급, those는 복수 취급하는데 who 뒤의 동사가 복수 동사 take이므로 (C) those를 답으로 고른다.

어휘 reference letter 추천서 semester 학기

8 정답 (B)

해석 변호사가 되고자 하는 누구든지 반드시 로스쿨을 졸업해야 한다.

해설 문장 맨 앞 주어 자리 문제로 뒤에 주격 관계대명사와 be동사가 생략된 구조이기에 다소 난이도 높은 문제이다. 보기에서 관계사절의 수식을 받을 수 있는 대명사 (B) Anyone와 (D) Those를 남긴다. 문장의 동사 has는 단수 동사이므로, 단수 취급하는 (B) Anyone을 답으로 고른다.

어휘 attorney 변호사 graduate 졸업하다

9 정답 (C)

해석 그래픽 디자인 워크숍에 참석하는 동안, 모든 사원들은 스스로 소책자를 만든다.

해설 재귀대명사의 관용 표현 'by oneself'를 알고 있는지 묻는 문제이다. 보기에서 재귀대명사는 (C) themselves와 (D) himself인데, 문장에서 대명사가 받는 대상은 all employees(모든 직원들)이므로 복수 재귀대명사 (C) themselves를 골라야 한다.

10 정답 (A)

해석 이바노프 씨는 수행 능력 평가에서 좋은 점수를 받았기에, 빨리 승진될 것이다.

해설 빈칸 바로 뒤에 동사가 나오므로 보기 중 주격 인칭대명사 (A) he 또는 주격 관계대명사 (C) who를 남긴다. 관계대명사 who는 사람 선행사 뒤에 오는데 빈칸 앞 명사구 a good performance evaluation은 사물 명사이므로 어울리지 않는다. 따라서 Mr. Ivanov

를 대신 받는 he가 정답이다.
[어휘] earn 얻다, 받다 evaluation 평가

Chapter 3 형용사

출제 핵심 패턴 익히기

예제 9-1
[정답] (B)
[해석] 온라인 광고를 위한 실용적인 전략은 마지막 컨퍼런스에서 발표되어질 것이다.
[해설] Step by Step 참고

예제 9-2
[정답] (B)
[해석] 수정되어진 제안서를 받고 나서, 과정 다음 단계를 시작할 것입니다.
[해설] Step by Step 참고
[어휘] once ~하면, ~하자마자 proposal 제안(서), process 처리, 과정

예제 10-1
[정답] (D)
[해석] 이 문서는 반드시 기밀로 유지되어야 한다.
[해설] Step by Step 참고

예제 10-2
[정답] (B)
[해석] 신제품에 관한 질문들은 홍보부에 의해 다뤄질 것이다.
[해설] Step by Step 참고
[어휘] concerning ~에 관한 PR(=public relations) 홍보

예제 10-3
[정답] (B)
[해석] 스타 일렉트로닉스는 신혼 부부의 필요에 주의를 기울이고, 그들을 위한 혁신적인 가전제품을 만듦으로써 꾸준하게 성장해왔다.
[해설] Step by Step 참고
[어휘] steadily 꾸준하게 a newly-married couple 신혼 부부 innovative 혁신적인

예제 11-1
[정답] (B)
[해석] 유명 강사들에 의해 작성된 새로운 교재들은 우리 강의의 수익성을 더욱 높여줄 것으로 기대되어진다.
[해설] Step by Step 참고
[어휘] textbook 교재, 교과서 instructor 강사

예제 11-2
[정답] (C)
[해석] 카운티는 새로운 경기장을 짓는 것이 필요하다는 것을 어느 순간에는 알게 될 것이다.
[해설] Step by Step 참고
[어휘] stadium 경기장 at some point 어느 순간에는

예제 11-3
[정답] (C)
[해석] 독특하고 창의적인 마케팅 전략은 당신의 회사를 경쟁력 있게 만들어 줄 것입니다.
[해설] 빈칸 앞에 동사 make와 목적어 your company가 나왔다. make는 5형식 동사이므로 빈칸은 목적격 보어 자리이다. 빈칸 앞에 관사도 소유격도 없으므로 형용사가 목적격 보어가 되어야 한다.
[어휘] unique 독특한 creative 창의적인

예제 12-1
[정답] (A)
[해석] 상황을 통제 하에 두기 위해 모든 노력이 기울여지고 있다.
[해설] Step by Step 참고
[어휘] make an effort 노력하다 under control 통제되는

예제 12-2
[정답] (D)
[해석] 스타마트는 온라인 구매객을 위해 다른 선택지를 추가하는 것을 고려하고 있다.
[해설] Step by Step 참고

예제 12-3
[정답] (D)
[해석] 몇몇 출처에 따르면 그 회사는 이 지역에 몇몇 상점을 열려고 한다.
[해설] 빈칸 뒤 복수 명사 stores와 어울리는 수량 형용사를 고르는 문제이다.
[어휘] according to ~에 따르면 be about to 막 ~하려고 하다

정답과 해설

예제 12-4
정답 (D)
해석 스포츠 비평가 대부분은 이 게임에서 어느 한 팀이 이점을 가지고 있다고 생각하지 않는다.
해설 빈칸 뒤 단수 명사 team과 어울리는 수량 형용사를 고르는 문제이다.
어휘 commentator 비평가 advantage 이점

예제 12-5
정답 (D)
해석 모든 정비공들은 근무 시간 동안 안전 장비와 헬멧을 착용해야 한다.
해설 빈칸 뒤 복수 명사 mechanics와 어울리는 수량 형용사를 고르는 문제이다.
어휘 mechanic 정비공 safety gear 안전 장비

Quick Quiz

1. (B), (C) 2. (D) 3. (C), (D) 4. (D) 5. (A), (D) 6. (B)
7. (B) 8. (B), (C)

실전 감각 익히기

1. (B) 2. (C) 3. (C) 4. (D) 5. (A) 6. (A) 7. (C) 8. (B) 9. (B) 10. (C)

1 정답 (B)
해석 스윔 아카데미의 강사들은 스포츠 과학의 전문 지식과 그들의 특별한 훈련 방법으로 유명하다.
해설 동일한 어근에 어미만 달라지는 단어들로 보기 구성이 되어 있으니 품사 문제이다. 빈칸 뒤에 명사구 training method가 나왔으니 이를 수식할 수 있는 형용사를 고르면 된다. 1단계 형용사 고르기 스킬을 적용하여 부사 (C) specially에서 ly를 제거한 형태의 형용사 (B) special을 고른다.
어휘 be known for ~으로 유명하다 method 방법

2 정답 (C)
해석 크리에이티브 디렉터로서, 올브라이트 씨는 디자이너들이 세부 사항에 주의를 기울이도록 몰아붙인다.

해설 빈칸 앞에 be동사가 나왔고, 빈칸 뒤에는 전치사 to로 막혀 있으므로 빈칸은 주격 보어 형용사 자리이다. 1단계 형용사 고르기 스킬을 적용해 (B) attentively에서 ly를 제거한 (C) attentive가 형용사임을 알 수 있다.
어휘 detail 세부사항 attentive 주의를 기울이는

3 정답 (C)
해석 제조부서의 책임자는 당신의 제안이 유용하다고 판단하여, 이번 슬로건 공모전의 1등으로 선정하였습니다.
해설 빈칸 앞에 find의 과거형 found와 목적어 your proposal이 나왔다. find는 목적격 보어를 취하는 동사이니 보기에서 형용사를 고른다. 보기 중 -ly로 끝나는 단어가 있다면, 그 단어에서 -ly를 제거해 본다. 그와 같은 형태의 단어가 보기 중에 있다면 그것이 형용사이다.
어휘 manufacturing 제조(업) competition 경쟁, 공모전

4 정답 (D)
해석 치의학 세미나 동안, 지역 치과의사들은 혁신적인 임플란트 기술을 수행하는 방법을 배울 기회를 갖게 될 것이다.
해설 빈칸 앞에 to부정사 to operate가 나왔고, 빈칸 뒤에는 to operate의 목적어 implant treatment가 나왔다. 따라서 빈칸에는 명사 목적어를 수식할 형용사가 들어가야 한다. 문맥상 특별히 필요한 경우가 아니라면 분사형 형용사보다 기본 형용사 형태를 우선하여 정답으로 고려한다.

5 정답 (A)
해석 재활용 프로그램의 주된 목적은 근무 지역의 불필요한 쓰레기를 줄이는 것입니다.
해설 빈칸 앞에는 관사 The가 나왔고, 빈칸 뒤에는 명사 aim이 나왔다. 따라서 빈칸은 명사를 수식하는 형용사 자리이다. (C) chiefly에서 ly를 제거한 형태가 (A) chief에 있으므로 쉽게 보기 중에서 형용사를 고를 수 있다.
어휘 aim 목적 unnecessary 불필요한

6 정답 (A)
해석 메이슨 병원이 매우 현대적이고 깨끗하기 때문인지, 반세기 이상 동안 있었던 건물이라고 여겨지지 않는다.
해설 빈칸 앞 동사 seems는 주격 보어를 취하는 2형식 동사이다. be동사 이외에 토익에 자주 출제되는 2형식 동사로는 become(~이 되다), remain(남아있다), seem(~인 것 같다, ~처럼 보이다) 등이 있다. 대체로 이들 동사 뒤에 관사나 소유격이 있다면 명사 보어가, 그렇지 않다면 형용사 보어가 온다. 보기 중 대표적 형용사 어미 -ble로 끝나는 것이 있으니 쉽게 고를 수 있다.

어휘 hardly 거의 ~않다 century 세기

7 정답 (C)

해석 법적인 문제에 관한 각각의 의문들을 논의하기 위해, 회사는 곧 미팅을 소집할 계획이라고 대변인은 밝혔다.

해설 보기에 수량 형용사와 관계대명사가 섞여 있다. 소유격 관계대명사 whose는 명사 앞에 올 수 있으나, 앞에도 선행사 명사가 필요하다. 빈칸 앞에 동사 discuss가 있으니 관계대명사는 빈칸에 올 수 없다. 빈칸에는 단수 명사 question과 어울리는 수량 형용사를 고른다. 참고로 all은 가산 복수 명사와 불가산 명사를, several, many, a few, few는 가산 복수 명사를 꾸며주며, most는 불가산 명사를 꾸며준다.

어휘 spokesman 대변인 convene 소집하다 regarding ~와 관련된

8 정답 (B)

해석 보수 공사 일정에 관한 문제점들만 해결된다면, 두원 조경은 다양한 프로젝트를 개시할 것이다.

해설 빈칸 뒤 명사 projects를 수식하는 형용사를 고르는 문제이다. 품사 문제에서 명사 앞에 명사를 고르는 복합 명사 문제는 거의 출제되지 않는다. 1단계 형용사 고르기 스킬을 적용하여 형용사 보기를 고를 수 있다. (C) diversely에서 ly를 제거한 (B) diverse가 형용사다.

어휘 concern 우려, 걱정 resolve 해결하다, 다짐하다 commence 시작하다

9 정답 (B)

해석 라이벌 회사와의 경쟁을 따라잡고 새로운 디자인을 시도하기 위하여 프리미엄 2020 디지털 카메라는 새롭게 개발되어진 줌인 기술을 사용한다.

해설 형용사 어휘 문제이므로 문장 전체의 개연성을 고려하여 어울리는 답변을 고른다. 디지털 카메라가 사용하는 기술력과 어울리는 단어는 (B) developed이다. (C) satisfied와 (D) excited도 언뜻 의미상 어울리는 듯 보이지만, 감정 유발 단어는 -ing형일 때 감정을 '불러일으키고' -ed형 일 때 감정을 '느낀다'는 뜻이 되므로 사물 명사와는 어울리지 않는다.

어휘 newly 새롭게 in order to ~하기 위해 catch up with ~을 따라잡다 attempt 시도하다

10 정답 (C)

해석 저희 호텔에서의 숙박이 얼마나 즐거우셨는지에 관한 첨부된 설문지를 잠시 시간을 내주시어 작성해 주셨으면 합니다.

해설 문장의 개연성을 고려하여 푸는 형용사 어휘 문제이다. how 뒤에 형용사가 들어가면 '얼마나 ~한지'로 해석한다. 호텔에 머문 시간에 관한 설문 조사와 어울리는 표현은 (C) enjoyable(즐거운)이다.

어휘 enclosed 동봉된 questionnaire 설문지

Chapter 4 부사

출제 핵심 패턴 익히기

예제 13-1

정답 (B)

해석 매니저는 모든 신입 사원들에게 계약서의 조항들을 꼼꼼히 검토하라고 요청했다.

해설 Step by Step 참고

예제 13-2

정답 (B)

해석 외국인 고객들을 유치하기 위하여, 스파르트 호텔은 컨퍼런스룸을 포함한 주요 시설들을 점진적으로 보수했다.

해설 Step by Step 참고

어휘 attract 끌어들이다 facility 시설 including ~을 포함하여

예제 13-3

정답 (B)

해석 그 사적으로 소유된 회사는 일 년에 5천만 달러의 수익을 생성한다.

해설 빈칸 뒤에는 형용사(과거분사) owned가 왔으니 형용사를 수식하는 부사 자리이다.

어휘 privately 사적으로 generate 만들다 revenue 수익

예제 14-1

정답 (B)

해석 반스 형제는 모든 신규 고객들에게 할인 쿠폰을 일시적으로 선착순 지급하고 있다.

해설 Step by Step 참고

어휘 voucher 쿠폰 first-come-first-served 선착순의

예제 14-2

정답 (C)

정답과 해설

해석 아폴로 코퍼레이션은 2015년에 설립되어 비용 효율이 높은 모델들로 상품 범위를 계속해서 확장했다.
해설 Step by Step 참고
어휘 found 설립하다 expand 확장하다 range 범위 cost-effective 비용 효율이 좋은 continually 계속해서

예제 14-3
정답 (A)
해석 슈미트 씨가 해외 지사를 열기로 했을 때 회사의 경제적 현실은 단순히 무시되었다.
해설 빈칸 뒤에는 -ed로 끝나는 단어가 오고, 빈칸 앞에는 be동사 was가 왔으니 수동태 동사 세트 사이에 빈칸이 자리하고 있다. 또한 빈칸이 속한 절은 이미 완전한 절이다. 동사 세트 사이에는 부사가 들어간다.
어휘 ignore 무시하다 overseas 해외의

예제 15-1
정답 (C)
해석 우리가 기사를 출간하기 전에, 최종본은 많은 편집인들에 의해 철저하게 검토되어져야 합니다.
해설 Step by Step 참고
어휘 publish 출간하다 review 검토하다 a number of 많은

예제 15-2
정답 (D)
해석 만약 전시 코디네이터직에 관심이 있으시다면, 지원서를 완전하게 작성해주세요.
해설 Step by Step 참고
어휘 fill out 작성하다 completely 완전하게

예제 16-1
정답 (D)
해석 신제품 라인의 판매는 우리가 미디어에 광고한 이후로 상당히 늘었다.
해설 Step by Step 참고
어휘 put an advertisement in ~에 광고를 하다 substantially 상당히

예제 16-2
정답 (B)
해석 회계 보고서에 따르면 이번 분기 수익은 크게 상승하고 있는 중이다.
해설 Step by Step 참고
어휘 accounting 회계 quarterly 분기의 revenue 수익

예제 16-3
정답 (A)
해석 2015년 이후로, 관광 관련 업계에서 일하는 사람들의 수는 상당히 떨어졌다.
해설 보기가 전부 부사로 이루어져 있으니 어휘 문제이다. 빈칸에 들어갈 부사는 증감동사 have dropped를 꾸며주며, 주어로는 수치를 나타내는 the number of~가 나왔다. 따라서 수치의 변동을 수식해주기 적당한 부사 (A) considerably(상당히)가 정답이다.
어휘 the number of ~의 수 drop 떨어지다

Quick Quiz
1. (A), (B) 2. (A), (C) 3. (B) 4. (B), (C) 5. (C) 6. (A)
7. (C), (D)

실전 감각 익히기
1. (D) 2. (D) 3. (D) 4. (B) 5. (D) 6. (A) 7. (C) 8. (A) 9. (D)

1 정답 (D)
해석 당신의 서명된 계약서를 첨부되어진 설문지와 함께 반드시 우리에게 신속하게 보내주셔야 합니다.
해설 수동태 동사 세트(be + v-ed) 사이 빈칸은 부사 자리이다.
어휘 agreement 계약서 along with ~와 함께 enclosed 첨부된

2 정답 (D)
해석 새롭게 연 쇼핑몰은 지하철역 근처에 편리하게 위치해있기 때문에, 많은 잠재 고객들이 방문할 것으로 보인다.
해설 빈칸 뒤에는 과거분사 located, 빈칸 앞에는 be동사 is가 왔으니 빈칸은 동사 세트 사이에 위치한 부사 자리이다. 참고로 be conveniently located는 어휘 문제로도 자주 나오는 구문이다.
어휘 near ~ 근처에 prospective 잠재적인

3 정답 (D)
해석 토탈 캅스의 이사는 그가 마주한 고난에 대하여 개인적으로 이야기했다.

해설 빈칸 뒤에는 전치사 about으로 막혔고, 빈칸 앞에는 완전 자동사 spoke가 나왔다. 이는 완전한 문장 뒤 부사 자리이다.
어휘 managing director 이사 hardship 어려움

4 정답 (B)
해석 이번 년도 공사 계획의 견적이 잘못 작성되었기 때문에, 그 제안은 추후 통지가 있을 때까지 연기되어질 것이다.
해설 빈칸 뒤에는 과거분사 written, 빈칸 앞에는 be동사 is가 나왔으므로 빈칸은 수동태 동사 세트 사이 부사 자리이다.
어휘 estimate 견적 postpone 미루다 연기하다 further 추후의

5 정답 (D)
해석 토드 투어의 수익은 새로운 패키지 여행이 아시아 시장에 소개된 이후, 괄목할 만한 성장을 이루어 오고 있다.
해설 빈칸 앞에는 have increased가 나왔는데 increase는 뒤에 목적어나 보어 없이 그 자체로 완전한 문장을 이루는 완전 자동사이다. 따라서 빈칸은 완전한 문장 뒤에서 동사를 수식하는 부사 자리이다. 완전 자동사 중에서 수익이나 판매 수치의 증가, 감소를 의미하는 rise, increase, grow, drop, fall이 특히 자주 출제된다.

6-9 이메일

수신: nmarcello@gomail.com
발신: csdept@greencleaning.com
제목: 고객 만족도 설문 초청

노아 마르셀로께,

귀하의 청소 필요를 위해 우리 서비스를 선택해주신 것에 대하여 진심 어린 감사를 표하고 싶습니다. 우리의 우선 사항은 가능한 가장 높은 수준의 서비스를 제공하는 것입니다. 당신에게 더 나은 서비스를 제공하기 위한 우리의 지속적인 노력의 일환으로, 당신이 우리의 서비스에 얼마나 만족하는지 알고 싶습니다. 우리는 당신의 솔직한 의견을 소중하게 생각합니다. 그것은 우리 서비스를 개선하기 위해 적극적으로 사용될 것입니다. 조사를 시작하기 위해 우리 웹사이트 greencleaning. com으로 가세요. 이것은 5분 미만으로 소요될 것입니다. 조사 완료 시, 당신은 이메일로 할인 쿠폰을 받을 것입니다.
당신의 시간에 미리 감사드립니다.
그린 클리닝 서비스

어휘 priority 우선 사항 constant 지속적인 value 가치 있게 여기다 candid 솔직한 improve 개선하다 completion 완료 voucher 상품권, 쿠폰 in advance 미리

6 정답 (A)
해석 (A) 진실된 (B) 훌륭한, 멋진 (C) 사적인 (D) 밝은

해설 서비스를 이용한 고객에게 고객 만족도 설문을 부탁하기 전에 하는 인사말이다. 우리 업체를 선택해주셔서 진심 어린 감사를 표한다는 의미가 되어야 자연스러우므로 (A) sincere가 정답이다.

7 정답 (C)
해석 (A) 요금 (B) 고도 (C) 수준 (D) 고객
해설 빈칸을 포함한 명사구가 '가능한 가장 높은 수준의 서비스'라는 의미가 되어야 하므로 (C) level가 정답이다.

8 정답 (A)
해설 빈칸 뒤에는 과거분사 used, 앞에는 be동사가 나왔으므로 전형적인 동사 세트 사이 부사 자리 문제이다.

9 정답 (D)
해석 (A) 당신이 행운의 당첨자가 될 수 있습니다.
(B) 우리는 우리의 실수에서 배웁니다.
(C) 우리는 지체에 대해 죄송합니다.
(D) 이것은 5분 미만으로 소요될 것입니다.
해설 설문 조사를 시작하는 방법을 말한 다음 그 설문 조사에 관한 부가적인 설명이 오는 것이 자연스럽다. 따라서 (D)가 정답이다.

Chapter 5 비교 구문

출제 핵심 패턴 익히기

예제 17-1
정답 (B)
해석 복사기를 포함한 낡은 사무용 기기들은 생산성 향상을 위하여 가능한 신속하게 교체되어져야 한다.
해설 Step by Step 참고
어휘 equipment 장비 including ~을 포함한 replace 교체하다 as soon as possible 가능한 빨리 productivity 생산성

예제 17-2
정답 (B)
해설 칼 딜런은 그의 새 책이 대중들로부터 더 열광적인 반응을 얻기를 바란다.
해설 Step by Step 참고
어휘 response 반응 public 대중 enthusiastic 열정적인, 열광적

정답과 해설

인

예제 17-3
[정답] (A)
[해석] 안타깝게도, 세종 자동차에서 개발한 새로운 스포츠 유틸리티 차량의 판매량이 예상치보다도 훨씬 미치지 못한다.
[해설] Step by Step 참고
[어휘] unfortunately 불행하게도 develop 개발하다

예제 17-4
[정답] (C)
[해석] 탑 일렉트로닉스의 새 스마트폰은 경쟁자의 제품보다 훨씬 더 얇다.
[해설] 보기 중 하나라도 비교급이나 최상급 표현이 있다면, 비교 구문이 답이 되는지 우선 확인하는 것이 좋다. 빈칸 뒤에 than이 나왔는데 이는 비교급과 어울려 비교 대상을 나타내는 표현이므로 (C) thinner를 고른다. 토익에서는 비교급 단서 than이 빈칸과 멀리 떨어져 있는 경우도 있으니 주의한다.

예제 18-1
[정답] (D)
[해석] 금융 포럼은 분야 내의 최신 경제 쟁점과 트렌드에 관해 배울 기회를 제공한다.
[해설] Step by Step 참고
[어휘] financial 금융의, 재정의 issue 주제, 쟁점

예제 18-2
[정답] (C)
[해석] 한국의 모든 교육 기관 중에서, 이터널 패컬티 그룹이 가장 크다.
[해설] Step by Step 참고

예제 18-3
[정답] (A)
[해석] 저 대리석 조각품이 렌윅 갤러리에서 단연코 가장 인기 있는 작품이다.
[해설] Step by Step 참고
[어휘] sculpture 조각 masterpiece 걸작

예제 18-4
[정답] (D)
[해석] 델핀은 잠수부를 위한 단연코 세계에서 가장 가벼운 시계를 12월에 출시할 예정이다.

[해설] 빈칸 앞 최상급 the lightest를 뒤에서 강조하는 부사를 고른다.
[어휘] be scheduled to ~할 예정이다 release 출시하다

Quick Quiz

1. lucrative 그 합병은 기대되었던 것만큼 수익이 좋지 않았다. 2. much 프리미엄 서비스에 대한 수요는 이전에 그랬던 것보다 훨씬 더 높다. 3. earlier 당신이 더 빨리 예약을 하면, 좋은 자리를 얻을 기회가 더 좋아진다. 4. largest 에머슨 신발은 이 동네에서 가장 큰 신발 가게 중 하나이다. 5. possible 수리는 가능한 빨리 시작되어져야 한다. 6. more 저작권을 보호하는 더 적절한 수단에 대한 필요가 있다. 7. more 호텔은 두 공원 중 더 유명한 요세미티에 가깝다. 8. third 그 쇼핑몰은 아시아에서 세 번째로 인구가 많은 도시에 있다.

실전 감각 익히기

1. (B) 2. (A) 3. (A) 4. (C) 5. (A) 6. (C) 7. (D) 8. (A) 9. (C)

1 [정답] (B)
[해석] 기업들은 투자하기 훨씬 더 호의적인 분위기가 조성되어야 한다고 말했다.
[해설] 보기 중 비교 표현이 하나라도 있다면 비교 표현이 정답인지 우선적으로 확인하도록 한다. 자칫 일반 품사 문법 문제로 생각하여 형용사와 부사만 고려하기 쉽기 때문이다. 빈칸 앞 부사 far(훨씬)는 비교급을 강조하는 표현이기에 일단 형용사 비교급 (B) more favorable과 부사 비교급 (D) more favorably를 남긴다. 빈칸 뒤에는 명사 climate가 왔으므로 형용사 자리이다.
[어휘] necessary 필수적인 climate 기후, 분위기 investment 투자

2 [정답] (A)
[해석] 올해 자금 모금 행사는 뉴욕 외곽 지역에 환경 친화적인 공장 건설을 돕기 위한 것이기에, 시 위원회는 훨씬 많은 후원자들을 끌어들일 수 있을 것으로 기대합니다.
[해설] 빈칸 뒤에 비교급 more이 나왔으므로 보기에서 비교급을 강조하는 부사를 고른다. 비교급 앞에 much, even, still, a lot, far이 와서 '훨씬'이라는 뜻을 추가한다. 참고로 (C) very는 최상급 강조 부사

이다.
어휘 fundraising 기금 마련 plant 공장

3 정답 (A)
해석 올해는 회사 역사상 가장 수익이 좋았기 때문에, 모든 직원들은 막대한 보너스로 보상을 받을 것이다.
해설 최상급/비교급, 그리고 다시 형용사/부사를 구별하는 문제이다. in the company's history라고 넓은 비교 범위를 나타내는 표현이 왔으므로 최상급을 고른다. 최상급 형용사 (A) most profitable과 최상급 부사 (C) most profitably 중 빈칸 뒤 명사를 수식할 수 있는 것은 형용사이다.
어휘 reward 보상하다 massive 막대한

4 정답 (C)
해석 지문 인식기 덕분에 출결 관리 시스템은 이전보다 더 효율적으로 운영된다.
해설 전치사, 접속사, 부사가 섞여 있어 복잡해 보인다. 이때 보기 중에 than이 있다면 빈칸 근처에 비교 구문이 있는지 먼저 확인한다. 빈칸 앞에 비교급 표현 more efficiently가 나왔으므로 이와 어울려 비교 대상을 나타낼 수 있는 (C) than이 정답이다.
어휘 fingerprint 지문 operate 운영하다

5 정답 (A)
해석 와이드 솔루션의 프로그램은 사용자들 사이에서 인기 있는 세 다른 회사들의 것들만큼 효과적이라고 여겨진다.
해설 빈칸 앞뒤에 as가 나왔으므로 'as 원급 as' 문제이다. 형용사 원급 (A) effective와 부사 원급 (B) effectively를 남기고 삭제한다. 빈칸 앞 동사 is considered은 5형식 동사이므로 수동태로 쓰여도 목적격 보어가 필요하다. 목적격 보어가 될 수 있는 형용사가 정답이다.
어휘 consider 간주하다 among ~사이에

6-9 광고
킹스 마을 축제
그 때가 올해도 다시 돌아왔습니다! 연례 킹스 마을 축제는 바로 코 앞으로 다가왔고, 올해에는 이전보다 더 멋질 것입니다!
킹스 마을 축제는 1992년 처음 시작된 이래로 우리 지역 사회의 전통으로 자리 잡고 있습니다. 매년 가을, 10월 한 달 내내 콘웰 리버사이드 공원은 가족과 친구들이 소풍을 나오고 관람차나 회전목마를 타러 나오는 즐거움으로 가득한 장소가 됩니다.
지역의 음식점들은 음식과 음료를 제공하기 위해 그들의 트럭을 가지고 옵니다. 여러분은 시내에서 최고로 맛있는 타코, 부리또, 그리고 핫도그를 발견할 수 있습니다.
그러니 아이들을 데리고 나오세요! 축제 기간 동안 공원 입장료는 완전히 무료입니다!
어휘 around the corner 목전에 있는, 아주 가까운 tradition 전통 fun-packed 재미 가득한 admission 입장(료)

6 정답 (C)
해설 빈칸 뒤에 비교급 better이 있으므로 비교급을 강조할 수 있는 부사를 고른다.

7 정답 (D)
해설 지속되는 기간을 나타내는 시간 표현 since ~ 1992이 있으므로 현재완료를 고른다.

8 정답 (A)
해설 빈칸 앞에는 관사가, 빈칸 뒤에는 명사가 나왔으니 빈칸은 명사를 수식하는 형용사 자리이다.

9 정답 (C)
해설 (A) 건물 안에 음식을 가지고 들어오실 수 없습니다.
(B) 지역 농업 공동체들은 다양한 종류의 대체 음식들을 제공할 준비가 되어 있습니다.
(C) 지역의 음식점들은 음식과 음료를 제공하기 위해 그들의 트럭을 가지고 옵니다.
(D) 지역의 근사한 음식점들은 손님들을 접대할 능숙한 직원을 찾고 있습니다.
해설 빈칸 이후에 지역에서 최고의 음식들을 축제 장소에서 찾을 수 있을 것이라고 하고 있으므로 (C)가 가장 자연스럽다.

Chapter 6 동사&준동사

출제 핵심 패턴 익히기

예제 19-1
정답 (A)
해석 경영진은 모든 신규 직원이 오전 10시에 열리는 오리엔테이션에 참석하라고 요청했다.
해설 Step by Step 참고

정답과 해설

예제 19-2
정답 (A)
해석 보고서는 졸업반 학생 절반이 지난주의 연례 직업 박람회에 참여했다고 한다.
해설 Step by Step 참고
어휘 senior 상급의, 졸업반의 annual 연례의 fair 박람회 attend 참여하다

예제 19-3
정답 (A)
해석 막시모 제조 회사는 품질을 타협하지 않고 가격을 낮췄다.
해설 빈칸 앞에 명사 Maximo Manufacturing Company, 뒤에도 명사 the price가 나왔다. 주어와 목적어만 있지 동사가 없으므로 준동사 보기를 지우고 동사 (A) reduced, (D) reduce만 남긴다. Maximo Manufacturing Company는 3인칭 단수 명사이므로 복수동사 reduce는 어울리지 않는다. 단/복수 주어에 모두 사용할 수 있는 과거형 동사를 고른다.
어휘 compromise 타협하다, 절충하다 reduce 축소하다

예제 20-1
정답 (C)
해석 브록슨 씨가 우리 회사에 들어온 후부터, 전체 수익은 꾸준히 증가 추세이다.
해설 Step by Step 참고
어휘 overall 전체적인 steadily 꾸준하게

예제 20-2
정답 (D)
해석 역사적인 건물의 복구 작업이 끝날 때까지, 방문객들의 출입을 금지할 것입니다.
해설 Step by Step 참고
어휘 restoration 복원, 복구 complete 완료하다 visitor 방문객

예제 20-3
정답 (D)
해석 지난 2주 동안, KM 모터스의 이사들은 계약 연장 세부 사항들에 대하여 검토해왔다.
해설 Step by Step 참고
어휘 detail 세부사항 extension 연장

예제 20-4
정답 (A)
해석 잠재 고객들을 끌어들이기 위한 노력의 일환으로, 아름누리 코스메틱은 단골들에게 할인 쿠폰을 정기적으로 제공한다.
해설 Step by Step 참고
어휘 attract 끌어들이다 potential 잠재적인 provide 제공하다 patron 단골

예제 20-5
정답 (D)
해석 경영진은 새로운 직원들이 업무 중에 발생하는 어려움에 대처하기 위해 훈련 코스를 받으라고 권고했다.
해설 Step by Step 참고
어휘 recommend 추천하다, 권고하다 cope with ~에 대처하다

예제 20-6
정답 (A)
해석 2015년에 설립된 이후로 프라임타임 배송은 해외 수출업자들의 필요에 응하기 위해 노력해왔다.
해설 보기는 모두 동사이므로 자리 확인 없이 바로 수 일치, 태, 시제를 확인한다. 보기 동사 모두 3인칭 단수 주어와 어울릴 수 있으며 능동태이다. 문제에 완료형과 어울리는 표현 since가 나왔으므로 현재완료 (A) has endeavored가 정답이다.
어휘 corporation 기업 meet the needs of ~의 필요에 응하다 exporter 수출업자

예제 21-1
정답 (A)
해석 타이푼 개발은 아시아에서 시장 점유율을 높이기 위하여 경쟁업체를 인수할 계획이다.
해설 Step by Step 참고
어휘 plan 계획하다 acquire 얻다, 인수하다 market share 시장 점유율

예제 21-2
정답 (C)
해석 참석자들은 완료된 설문지를 2주 내에 반납할 것을 요청받았다.
해설 Step by Step 참고

Quick Quiz

1. in 우리는 당신의 의견에 관심 있습니다. 2. with 저는 당신의 서비스에 만족합니다. 3. is 모든 학생은 어느 책이나 선택하도록 허용됩니다. 4. were 옷 대부분은 상태가 좋다. 5. doing 나는 자원봉사 하는 것을 고려하고 있다.

실전 감각 익히기

1. (B) 2. (B) 3. (D) 4. (A) 5. (A) 6. (A) 7. (D)
8. (B) 9. (D) 10. (D) 11. (A) 12. (A) 13. (A)
14. (B) 15. (A) 16. (B) 17. (B) 18. (D)

1 정답 (B)

해석 수상자인 도리안 예이츠 씨는 다음 주 일요일 축하 만찬에서 소개되어질 예정입니다.

해설 보기가 모두 동사이므로 수 일치, 태, 시제를 순서대로 확인한다. 주어가 3인칭 단수이므로 복수 동사 (D) have introduced를 우선 삭제한다. introduce는 3형식 동사인데 빈칸 뒤가 전치사 at으로 막혔으니 수동태를 고르면 된다. 미래 시제 표현 next Sunday도 단서이다.

어휘 recipient 받는 사람, 수령자 celebration 축하

2 정답 (B)

해석 수행 능력 평가에서 우수한 성적 때문에, 던 씨는 시니어 영업사원으로 승진되었다.

해설 보기에 동사와 준동사가 섞여 있으므로 자리 확인을 먼저 한다. 빈칸 앞에는 명사 Mr. Dunn이, 빈칸 뒤에는 전치사구 to the senior representative뿐 동사가 없다. 빈칸은 동사 자리이니 to부정사 (A) to promote와 현재분사 (C) promoting을 삭제한다. promote는 3형식 동사로 뒤에 목적어가 나와야 하는데 빈칸 뒤는 전치사로 막혀 있다. 따라서 빈칸에 들어갈 동사는 수동태여야 한다.

어휘 representative 대리인, 판매원 rating 순위, 평점 evaluation 평가

3 정답 (D)

해석 신입 사원들은 인사부에서 제공받은 자료 묶음을 반드시 참고하셔야 합니다.

해설 보기에 동사와 준동사가 함께 있으므로 자리 확인이 우선이다. '접속사 개수 + 1 = 동사 개수' 법칙을 참고하라. 문제에 접속사는 없는데 이미 동사 refer가 있으므로 빈칸에 동사는 올 수 없고 to부정사

(A) to provide나 과거분사 (D) provided가 와야 한다. 특히 (D) provided는 과거형 동사와 과거분사 둘 다 가능하므로 주의하여야 한다. provide는 3형식 동사인데 빈칸 뒤에 목적어가 나오지 않고 전치사 by로 막혀 있으므로, 수동을 의미하는 과거분사 (D) provided를 고른다.

어휘 refer 참고하다 information packet 정보 모음집 human resources 인적 자원

4 정답 (A)

해석 소나타 컴퓨터는 아시아 시장으로의 해외 진출을 위하여 경쟁업체인 중국의 비트윈 커넥션을 인수할 계획이다.

해설 동사와 준동사를 구별하는 문제이다. 문장에 접속사는 없고 빈칸 앞에 이미 동사 acquire이 존재한다. 따라서 빈칸은 준동사 자리이다. 보기 중 준동사는 to부정사 (A) to expand, 현재분사 (C) expanding, 과거분사 (D) expanded이다. 해석상 '~하기 위하여'로써 문장 마지막에서 부사적인 용법으로 쓰인 (A)가 정답이다.

어휘 acquire 얻다, 인수하다 rival 경쟁 관계의 expand 확장하다

5 정답 (A)

해석 모든 지원자들은 개인 면접 일정이 적절하게 정해질 수 있도록 인사부와 직접 조정해야 한다.

해설 동사, 부사, 형용사, 명사 자리 찾기 문제이다. 빈칸 앞에는 조동사 should가 있으므로 동사원형을 골라야 한다.

어휘 coordinate with ~와 조정하다 personnel 인사, 직원들 appropriately 적절하게

6 정답 (A)

해석 지하 주차장을 이용하는 단골들을 위하여, 매주 월요일마다 할인 요금이 이용 가능하다.

해설 동사와 준동사를 구별하는 문제이다. 빈칸 앞에는 관계대명사 who가 나왔다. 빈칸이 속한 관계대명사절에 동사가 없으므로 빈칸은 동사 자리이다. 관계대명사 절의 동사는 선행사에 수 일치 해주는데 visitors가 복수이므로 단수 동사 (B) uses를 삭제한다. 빈칸 뒤에 목적어가 있으니 수동태 (C)도 삭제. 문장에 평소에 반복해서 일어나는 일을 나타내는 시제 표현 on Mondays가 있으므로 현재 시제 (A) use를 고른다.

어휘 frequent 자주 basement 지하 available 이용 가능한

7 정답 (D)

해석 GES 사에 의해 개발된 편집 프로그램은 사용자들이 쉽게 그들의 문서를 다른 구역에 나눌 수 있도록 만들어준다.

해설 동사와 준동사를 구별하는 문제이다. 문제의 동사 자리는 이미

정답과 해설

다 찼으므로 준동사를 써야 한다. 빈칸 앞 to와 to부정사를 구성하는 동사원형이 답이다. 'allow 사람 to부정사 (~가 …할 수 있게 허용하다[만들어주다])' 구문을 알고 있으면 to 부정사를 구성하는 동사원형을 쉽게 고를 수 있다.

어휘 easily 쉽게 document 문서

8 정답 (B)

해석 케네디 씨의 주요 업무는 월간 보고서를 정리하는 것과 최신 판매 수치를 분석하는 것을 포함하고 있다.

해설 'A and B' 구문을 알고 있다면 쉽게 답을 고를 수 있다. 'A and B' 구문은 등위 접속사 and가 같은 품사의 단어들을 연결해주는 병렬 구문이다. and 앞부분이 '동명사(filing) + 목적어' 형태로 구성되었으니 and 뒤 빈칸에도 동명사를 고른다.

어휘 responsibility 책임 file 정리 보관하다 analyze 분석하다

9 정답 (D)

해석 도로 공사 때문에, 햄튼 에비뉴를 이용하는 통근자들은 교통 혼잡을 피하기 위하여 대체 경로를 찾아야 합니다.

해설 동사와 준동사를 구별하는 문제이다. 빈칸이 속한 절은 이미 완전한 절이니 빈칸에 들어갈 동사 형태는 준동사여야 한다. 앞의 to와 함께 to부정사를 만드는 동사원형을 고른다.

어휘 construction 공사 seek 찾다, 구하다 alternative 대체의 congestion 혼잡

10 정답 (D)

해석 첫 번째 관리자 트레이닝이 대강당에서 열릴 예정이며 모든 지사장들은 이 행사에 참여하도록 초대되었다.

해설 동사와 준동사를 구별하는 문제이다. 접속사 and가 있으니 문장 전체의 동사 개수는 2개가 되어야 한다(접속사 개수 + 1 = 동사 개수). and 뒤에 이어지는 절에 동사가 없으니 빈칸은 동사 자리이다. 준동사 (A) inviting를 삭제하고 수 일치, 태, 시제를 순서대로 확인한다. 주어는 복수이고, 보기에 있는 동사 모두 복수 주어와 사용할 수 있다. 이 문제에서 invite는 4형식 동사인데 뒤에 간접 목적어는 나오지 않고 직접 목적어로 쓰인 to부정사만 남았으니, 간접 목적어를 주어로 하는 수동태이다.

11-14 기사

잉거솔 보험, 모리스 파이낸셜과 합병하다.

시카고 (6월 8일) - 헤브론 그룹은 잉거솔 보험사를 모리스 파이낸셜에 매각하는 데 동의했다. 모리스에게는 이번 인수가 미국 보험 시장 진입의 발판을 얻는 기회이다. 헤브론은 핵심 사업에 집중하기 위해 계열사 중 한 곳을 매각할 것이라고 1월에 발표했었다. 모리스는 즉각 인수 제안서를 제출했다. 두 회사 간의 합병 영향은 예측하기 어렵다. 모리스의 직원들은 모리스가 잉거솔 직원 3,700명을 유지할 것인지에 대해 언급하기를 거부했다. 그러나 루머에 따르면 임원들이 약 10퍼센트 인력을 감축하기로 했다고 한다. 많은 업계 전문가들은 재정 상태를 고려하면 잉거솔 운영비를 줄이는 것은 필수적일 것이라고 말한다. 모리스는 다음 주 수요일 합병의 세부 내용을 발표할 것으로 기대된다.

어휘 insurance 보험 acquisition 인수, 획득 foothold 발판 announce 발표하다, 알리다 affiliate 제휴 관계, 계열사 implication 영향, 암시 merger 합병 predict 예측하다 whether ~인지 아닌지 executive 임원, 간부; 경영의, 운영상의 reduce 감소하다, 줄이다 operating cost 운영비 given ~을 고려해 볼 때 details 세부사항

11 정답 (A)

해설 동사와 준동사를 구별하는 문제이다. 빈칸이 속한 절에는 이미 동사 agreed가 있으니 준동사 보기 중에 답을 골라야 한다. 또한 빈칸에 들어갈 말은 바로 앞 to와 함께 agreed의 목적어 역할을 해야 한다. 따라서 빈칸에는 to부정사를 구성하는 동사원형 (A) sell이 들어가야 한다. 'agree to 동사원형(~하는 것에 동의하다)' 구문을 알면 쉽게 풀 수 있는 문제이다.

12 정답 (A)

해설 동사, 부사, 형용사, 명사 자리를 구별하는 문제이다. 빈칸 앞에는 주어 it, 동사 would sell 목적어 one of its affiliates를 갖춘 완전한 절이 왔다. 따라서 빈칸에는 부사적 용법의 to부정사를 고른다.

13 정답 (A)

해석 (A) 모리스는 즉각 인수 제안서를 제출했다.
(B) 거래는 3백만 달러의 파기 수수료를 포함한다.
(C) 임원들은 계속해서 지원을 요청한다.
(D) 거래 발표는 서비스에 영향을 주지 않을 것이다.

해설 빈칸 앞에서는 헤브론이 매각할 의사를 밝혔다는 내용을, 빈칸 뒤에서는 합병의 영향을 언급하고 있다. 따라서 합병의 중간 과정에 해당하는 문장을 고른다.

14 정답 (B)

해석 (A) 끌어들이다 (B) 언급하다 (C) 낮추다 (D) 무시하다

해설 모리스의 직원들이 세부사항에 대한 언급을 하지 않았기 때문에, 다음 문장에서 루머의 내용을 덧붙였다고 볼 수 있다. 따라서 (B) comment가 정답이다.

15-18 메모

수신: 일 년 차 직원들

올해 고용된 모든 일 년 차 사원 여러분들과 작년 직원 교육 캠프 이후로 고용되신 이 년 차 사원들은 내일 오전 8시 2019 직원 교육 캠프 참석이 요구됩니다.

주말 동안의 캠프는 회사의 경영진과 임원들을 만나고 동료들과 뜻 깊은 시간을 보낼 기회가 될 것입니다. 기술 교육 세미나도 있을 예정이지만 캠프의 전체적인 목표는 신입 직원이 우리 회사의 문화에 익숙해지고 즐기실 수 있게 하는 것입니다.

회사 주차장에 여러분을 태울 버스가 오전 8시에 있을 것입니다. 늦지 마세요.

어휘 associate 동료 attend 참석하다 coworker 동료 technical 기술적인 familiarize 익숙하게 하다

15 정답 (A)

해설 빈칸 뒤에 있는 year를 수식할 형용사를 고르는 문제이다. year는 단수 가산 명사이므로 복수 지시 형용사인 (D) those를 삭제한다. 문맥상 '올해'라는 뜻이 되어야 하므로 (A)가 정답이다.

16 정답 (B)

해설 보기가 모두 동사이니 수 일치, 태, 시제를 순서대로 확인한다. 주어는 복수 주어이므로 단수 동사 (D) was required는 삭제. require는 to부정사를 목적격 보어로 취해 'require + 목적어 + to부정사' 형태로 토익에 자주 나온다. 빈칸 뒤에 목적어 없이 바로 to부정사가 이어지므로 수동태 동사를 골라야 함을 알 수 있다. 현재 시제 수동태 (B) are required를 고른다.

17 정답 (B)

해석 (A) 대안들 (B) 경영진 (C) 목적들 (D) 기업가들

해설 빈칸 뒤에 and directors(~와 임원들)이라고 하고 있으므로 이에 대등한 사람 명사를 골라야 한다.

18 정답 (D)

해석 (A) 도착하도록 권고되는 정확한 시간은 없습니다.
(B) 도심에서 교외까지 운행하는 모든 대중교통은 자정까지 운영됩니다.
(C) 저희는 늦게 제출하는 것은 고려하지 않을 것이며 예외는 없을 것입니다.
(D) 회사 주차장에 여러분을 태울 버스가 오전 8시에 있을 것입니다.

해설 빈칸 뒤에 늦지 말라는 언급이 있는 것으로 보아 캠프 참석을 위한 집합 시간을 안내하는 (D)가 가장 적절하다.

Chapter 7 전치사

출제 핵심 패턴 익히기

예제 22-1
정답 (A)
해석 연간 회의는 베이 호텔의 컨퍼런스 룸에서 열릴 예정이다.
해설 Step by Step 참고

예제 22-2
정답 (B)
해석 새로운 복장 규정에 관한 메모는 게시판에 올려질 것이다.
해설 Step by Step 참고
어휘 memorandum 메모 bulletin 공고

예제 22-3
정답 (B)
해석 이번 설문 조사 결과에 우려를 표명했던 사람들은 토요일에 배포된 2019 보고를 참고해야 할 것이다.
해설 Step by Step 참고
어휘 concern 우려 refer to ~을 참고하다

예제 22-4
정답 (C)
해석 최근 취업 시장을 분석하는, 교수진의 간단한 프레젠테이션이 오전 10시 정각에 시작할 것이다.
해설 Step by Step 참고
어휘 faculty 능력, 교수단 brief 간단한 analyze 분석하다 promptly 곧

예제 22-5
정답 (A)
해석 모든 발표자들은 2월 17일까지 간단한 연설문 개요를 그들의 매니저에게 제출해야 한다.
해설 Step by Step 참고
어휘 be required to ~할 것이 요구되다 submit 제출하다 outline 개요

예제 22-6
정답 (A)
해석 궂은 날씨로 인하여, 야외 콘서트는 다음 토요일까지 연기되어질 것입니다

정답과 해설

해설 Step by Step 참고
어휘 inclement 궂은, 좋지 못한 outdoor 실외의 postpone 연기하다

예제 22-7

정답 (A)
해석 협상 회의 동안 우리는 맨해튼의 공장 보수 공사를 언제 시작하는지에 관해 건설 회사와 마침내 협의에 이르렀다.
해설 보기가 전부 전치사이니 빈칸 뒤 명사구 the negotiation meeting(협상 회의)에서 단서를 얻는다. 문맥상 '~동안'이라는 뜻이 되어야 하는데 전치사 (B) for는 숫자를 포함한 표현과 쓰일 때만 '~동안'이라는 뜻이 되니 적합하지 않다. 명사 기간 표현과 어울리는 (A) during이 정답이다.
어휘 negotiation 협상 come to an agreement 합의에 이르다

예제 22-8

정답 (C)
해석 최근 리모델링 작업으로 인해, 지난 2개월 동안 판매 수치는 크게 증가해 왔다.
해설 전치사 어휘 문제의 단서는 빈칸 뒤 명사이다. the last 2 months(지난 2개월)는 기간이기에 시점과 어울리는 전치사 (D) since, 방향 전치사 (A) into, 장소 전치사 (B) under와는 어울리지 않는다. 기간과 어울리는 유일한 보기는 (C) over이다. 과거 기간과 어울리는 시제는 현재완료라는 것도 알아둘 것.
어휘 owing to ~ 때문에 figure 수치

Quick Quiz

1. out 자판기는 지금 고장 난 상태이다. 2. of 너는 운전하는 것 대신 지하철을 타야 한다. 3. of 리우 씨는 아내를 대신해서 서류에 서명했다. 4. to 스파 서비스 외에, 리조트는 넓은 범위의 실외 활동을 제공한다. 5. of 높은 등록금에도 불구하고 그 학교는 매우 인기가 좋다. 6. for 사무실은 해링턴 씨를 제외하고 비어 있었다. 7. on 존은 출장 중이다. 8. with 손님들은 할인 쿠폰과 함께 무료 샘플을 받을 것이다.

실전 감각 익히기

1. (B) 2. (D) 3. (D) 4. (A) 5. (C) 6. (B) 7. (B) 8. (A) 9. (B) 10. (C)

1
정답 (B)
해석 VIP 고객님들이 고객 만족 설문지를 받으신다면, 화요일 오전 10시까지 작성해주시기 바랍니다.
해설 전치사 문제는 빈칸 뒤 명사가 단서이다. 완료 시점을 나타내는 전치사는 (B) by이다.
어휘 recipient 받는 사람, 수령자 host 주최자

2
정답 (D)
해석 모든 신입사원들은 그들의 첫 3개월 동안 수습 기간 테스트를 반드시 통과하여야 한다.
해설 빈칸 뒤에 나온 '그들의 첫 3개월'은 '~동안'이라는 의미가 어울린다.
어휘 pass 통과하다 probation 보호 관찰, 수습

3
정답 (D)
해석 당신의 지원서가 승인되자마자, 우리는 7일 이내에 최종 면접 일정을 잡을 것입니다.
해설 빈칸 뒤에 기간 표현 7 days가 있다. 보기 중에서 기간과 어울리는 전치사는 (D) within이다. (A) since와 (C) until은 뒤에 시점 표현이 오며, (B) next to는 장소 전치사이다.
어휘 as soon as ~하자마자 approve 승인하다

4
정답 (A)
해석 새롭게 개발된 회계 소프트웨어는 빠른 실행 속도 때문에, 주로 세무 회계 목적으로 사용되어진다.
해설 전치사와 접속사를 구별하는 문제다. 빈칸 뒤에는 명사가 왔기 때문에 접속사 보기 (D) while은 일단 삭제한다. (C) into는 장소 전치사 보기이니 어울리지 않고, 이유를 나타내는 전치사 (A) because of(~때문에)가 어울린다. 이유를 나타내는 전치사로는 due to, owing to, thanks to 등이 있다.
어휘 tax 세금 purpose 목적 execution 실행, 수행

5
정답 (C)
해석 저희는 채용 공고에 지원을 희망하는 모든 이들의 지원서를 경력에 상관없이 받아들이고 있습니다.
해설 전치사와 접속사를 구별하는 문제이다. 빈칸 뒤에는 명사구 the applicant's experience가 왔기에 접속사 (A) in case, (B) once를 일단 삭제한다. 해석상 경력에 '상관없이'라는 표현이 어울린다. 참고로 in case는 뒤에 that이 생략된 형태로 출제되는 부사절 접속사이다.

6
정답 (B)

해석 산토스 어플라이언스는 아시아 지역으로의 해외 진출을 위하여 중국에 있는 차량 일렉트로닉스를 인수할 계획이다.
해설 앞에 나온 동사와 어울리는 전치사를 묻는 문제이다. expand는 '확장하다'라는 의미를 가지고 있으며 다른 영역 안으로 진출한다는 의미를 지닐 때는 전치사 into와 함께 쓰인다.

7 정답 (B)
해석 정부의 지원 덕택에 환경 프로젝트를 위한 예산은 지난 10년 동안 3배 이상 증가했다.
해설 빈칸 뒤 the last 10 years는 기간을 나타내는 표현이다. 보기의 시간 전치사 중 (A) until은 시점과 어울리는 표현이고, (B) over은 기간과 어울려 '~동안'이라는 뜻을 가진다.
어휘 environmental 환경의 triple 3배가 되다 government 정부

8 정답 (A)
해석 안전 수칙에 관한 첨부된 설문 조사의 작성을 위하여 잠시 시간을 내주시기 바랍니다.
해설 빈칸 뒤 the safety procedures(안전 수칙)와 어울리지 않는 장소 전치사 (C) into와 (D) at을 우선 삭제한다. 해석상 '~에 관한'이라는 의미의 (A) regarding이 어울린다. 유의어로는 concerning, pertaining to, as to 등이 있다.
어휘 fill out 기입하다 questionnaire 설문지

9 정답 (B)
해석 여느 때 같지 않은 악천후 때문에, 2020 트랙 앤 필드 결승전은 추후 통지가 있을 때까지 연기되어질 것이다.
해설 빈칸 앞에 나온 postpone(연기하다)는 '지속'되는 상태이므로 (B) until(~까지)과 어울린다. until further notice(추후 통지가 있을 때까지)는 자주 나오는 표현이다.
어휘 severe 심각한 finals 결승전

10 정답 (C)
해석 부동산 투자를 전문으로 하는 레전더리 보험사는 전국에 걸쳐 많은 지사를 갖고 있다.
해설 빈칸 뒤 the nation과 어울리지 않는 장소 전치사 (A) between, 시간 전치사 (B) until을 우선 삭제한다. 해석상 '전국에 걸쳐서'라는 의미가 어울리므로 (C) throughout을 고른다.

Chapter 8 접속사(1) 부사절 접속사 & 등위·상관 접속사

출제 핵심 패턴 익히기

예제 23-1
정답 (C)
해석 중요한 소포의 배송이 예상치 못하게 연기되었기 때문에, 많은 불만이 고객 관계 부서로 접수되었다.
해설 Step by Step 참고
어휘 unexpectedly 예상치 못하게 complaint 불만

예제 23-2
정답 (B)
해석 그의 뛰어난 수행 능력 때문에 데이비드 씨는 다음 달 승진이 예정되어 있다.
해설 Step by Step 참고
어휘 outstanding 뛰어난 promote 승진시키다

예제 23-3
정답 (A)
해석 테스트 오디오사는 공급 업체들과 수많은 협상 회의를 가졌지만, 아직 협의에 이르지 못했다.
해설 Step by Step 참고
어휘 numerous 수많은 supplier 공급업체

예제 23-4
정답 (B)
해석 고장난 프린터를 고치려는 노력에도 불구하고, 여전히 제대로 작동하지 않는다.
해설 Step by Step 참고
어휘 still 여전히 properly 적절하게

예제 23-5
정답 (B)
해석 일단 당신의 입금이 확인되면, 등록 절차는 자동으로 처리되어질 것입니다.
해설 Step by Step 참고
어휘 payment 납부 confirm 확인하다 registration 등록

예제 24-1
정답 (A)
해석 이 장치를 설치하기 전에 반드시 설명서를 꼼꼼하게 읽어주세요.

정답과 해설

해설 Step by Step 참고
어휘 manual 설명서 install 설치하다

예제 24-2
정답 (A)
해석 완공되고 나면, 케이블카는 승객들을 공중 100m 이상 높이로 운송할 것이다.
해설 Step by Step 참고
어휘 transport 운송하다 passenger 승객

예제 24-3
정답 (D)
해석 맥케이 씨는 최근 판매 성과를 논의하면서 전문적인 어조를 취했다.
해설 보기에 전치사, 접속사, 부사가 섞여 있으므로 빈칸 자리부터 확인한다. 빈칸 뒤에 -ing가 왔는데 동명사라면 전치사가 올 수 있고, 축약 구문이라면 접속사가 온다. 문맥상 '~할 때, ~하는 동안'이라는 의미가 빈칸에 필요하므로 (D) while을 고른다.
어휘 tone 어조 recent 최근의 performance 실적

예제 24-4
정답 (B)
해석 시작하기 전에, 캐시디 씨는 작년도 장부를 봤다.
해설 빈칸 뒤에 -ing가 동명사일 수도, 축약 구문일 수도 있으니 전치사와 접속사 보기 중 해석을 통해 적절한 것을 고른다. 문맥상 시작하기 '전에'라는 의미가 되어야 하므로 (B) Before가 정답이다.

예제 25-1
정답 (B)
해석 당신이 추천했던 상품은 어떤 상점이나 웹사이트에서도 찾을 수 없었습니다.
해설 Step by Step 참고

예제 25-2
정답 (B)
해석 인사부 관리자인 태킵슨 씨는 그들이 추가적으로 사원을 고용할지 말지를 결정해야 한다.
해설 Step by Step 참고

예제 25-3
정답 (C)
해석 대개, 출판 과정은 마케팅, 판매, 그리고 유통으로 구성된다.

해설 빈칸 뒤가 완전한 문장이 아니니 보기 중 부사절 접속사 (B) so that은 오답이다. 문제에 함께 어울려 상관 접속사를 구성할 수 있는 or이 없으므로 (D) either도 오답. 남은 보기 (A), (C)는 둘 다 등위 접속사이다. 해석을 통해 나열이면 (C) and, 반전이면 (A) but을 고른다. 마케팅, 판매, 유통은 서로 연관된 과정이므로 (C) and가 적절하다.
어휘 publishing 출판, process 과정 consist of ~로 구성되다 distribution 분배, 유통

Quick Quiz

1. and 동남아시아는 레저 관광과 출장 둘 다의 호황을 즐기고 있다. 2. or 당신은 팬케익이나 프렌치 토스트를 선택할 수 있습니다. 3. nor 클레어도 수잔도 그들이 실수했다는 것을 인정하지 않았다. 4. on 회사의 경영 전략은 직원 간 협력에 많이 의존하고 있다. 5. as 그녀가 오류를 깨닫자마자, 상관에게 전화했다. 6. also 콜 씨가 회의 중에 언급했던 것은 윤리적일 뿐만 아니라 실질적인 문제였다.

실전 감각 익히기

1. (A) 2. (A) 3. (C) 4. (D) 5. (A) 6. (C) 7. (B) 8. (A) 9. (D)

1
정답 (A)
해석 새로운 워드 소프트웨어를 설치하기 전에, 반드시 설명서를 참고해 주시기 바랍니다.
해설 빈칸 뒤 installing이 접속사 축약 구문일 수도, 동명사일 수도 있으니 해석으로 답을 고른다. 문맥상 설치하기 '전에'라는 뜻이 되어야 하므로 (A) before를 고른다. 축약 구문 앞에 나오는 접속사로 before, after, when, while 등이 토익에 지속적으로 나오고 있다.

2
정답 (A)
해석 온라인 뱅킹이 인기가 많고 편리하기 때문에, 전통적인 은행은 사라지는 추세이다.
해설 빈칸 뒤에 완전한 절이 나오고, 그 뒤에 또 콤마로 완전한 절이 이어지므로 두 절을 이어주는 부사절 접속사가 빈칸에 와야 한다. 부사절 접속사 (A) As(~때문에), (B) As soon as(~하자마자) 중 빈칸에 어울리는 것은 원인, 결과를 나타내는 이유 접속사 (A) as이다.
어휘 convenient 편리한 obsolete 더 이상 쓸모가 없는, 구식의

3 정답 (C)
해석 레싱턴 씨는 신입사원이지만, 그가 이 분야에 지식이 많기 때문에 그의 부서장은 그의 수행 능력에 대해 칭찬 일색이다.
해설 빈칸 뒤에 절이 이어지므로 전치사 (A) due to와 접속 부사 (D) moreover를 삭제한다. 남은 접속사 중 문맥상 의미가 가장 자연스러운 (C) since(~하기 때문에)를 고른다.
어휘 be full of praise 칭찬이 자자하다

4 정답 (D)
해석 입금이 확인되자마자, 당신이 주문하신 제품을 보내 드리도록 하겠습니다.
해설 빈칸 앞뒤로 완전한 문장이 올 때는 부사절 접속사를 고른다. 보기에서 부사절 접속사는 (B) as though(마치 ~인 것처럼)와 (D) as soon as(~하자마자)이다. 해석상 부사절의 내용과 주절의 내용이 순서로 이어지는 시간 및 조건을 의미하므로 (D) as soon as를 고른다.
어휘 deposit 보증금, 예치금 confirm 확인하다

5 정답 (A)
해석 모든 참가자들은 설문지를 이메일로 혹은 직접 오늘까지 제출해주시기 바랍니다.
해설 상관 접속사와 부사절 접속사를 구별하는 비교적 간단한 문제이다. 빈칸 뒤 등위 접속사 or과 어울리면서 선택의 의미를 강조하는 (A) either가 정답이다.
어휘 encourage 장려하다 in person 직접

6-9 이메일
발신: 마사 로빈슨
제목: 네트워크 폐쇄
모두에게,
오크 타워에 의해 사용되는 컴퓨터 네트워크 서비스의 필수적 수리로 인해 건물 내 모든 네트워크 서비스가 일시 중단될 것입니다. 이메일, 인터넷, 그리고 개인 또는 공유 네트워크 공간에의 접속이 영향을 받을 것입니다. 예정된 중지 기간이 지난 후, 모든 네트워크 연결이 복구되도록 컴퓨터를 다시 시작하도록 하십시오. 서비스 중단은 3월 28일 오전 8시에 시작해서 오후 5시에 끝납니다.
이런 상황으로 인해 불편을 끼쳐 드려 유감입니다. 더 자세한 정보를 원하시면 시설 관리부 운영 부장 안드레 아일원에게 398-8192로 연락하십시오.
마사 로빈슨
유지 관리 책임자

6 정답 (C)
해설 빈칸 뒤에 주어, 동사를 갖춘 절이 나오지 않았으므로 빈칸은 전치사 자리이다. 문맥상 네트워크 서비스 중단이 필요한 수리 '때문에' 발생하는 것이므로 (C) Due to가 정답이다.

7 정답 (B)
해설 빈칸 뒤에 절이 나오지만, 절 2개가 이어지는 것이 아니므로 빈칸은 절과 절을 잇는 접속사 자리가 아니라 앞 문장 내용과 의미적으로 연결해주는 접속 부사 자리이다. (A) However는 대조/역접을 나타내는 부사이므로 인과를 나타내는 (B) Therefore이 더 적합하다.

8 정답 (A)
해설 빈칸 뒤에는 중지 후에 꼭 할 일에 관해 말하고 있으므로 '분명히, 반드시'라는 뜻의 형용사가 빈칸에 들어가야 한다.

9 정답 (D)
해석 (A) 귀하에게 곧 연락을 하겠습니다.
(B) 거기에서 귀하를 뵙기를 고대하겠습니다.
(C) 로빈슨 씨 같은 그런 능력 있는 젊은 인재를 채용하신 점을 칭찬해 드리고 싶습니다.
(D) 이런 상황으로 인해 불편을 끼쳐 드려 유감입니다.
해설 글의 마지막 부분에서 수리로 인한 불편에 대해 사과하는 내용으로 마무리하는 것이 적절하다.

Chapter 9 접속사(2) 형용사절 접속사 & 명사절 접속사

출제 핵심 패턴 익히기

예제 26-1
정답 (A)
해석 최소 2년 경력을 갖고 있는 지원자들은 1차 테스트를 통과한 이후에 인터뷰 되어질 것이다.
해설 Step by Step 참고
어휘 applicant 지원자 at least 최소한 pass 통과하다

예제 26-2
정답 (A)
해석 입구 근처에 위치한 모든 방문객 주차장은 가득 찼다.
해설 Step by Step 참고

정답과 해설

어휘 locate 위치하다 entrance 입구

예제 26-3
정답 (B)
해석 회사 야유회에 참여하는 직원들은 자기 음식을 가지고 와야 한다.
해설 Step by Step 참고
어휘 participate 참여하다 bring 가지고 오다

예제 26-4
정답 (C)
해석 ETA 사는 국제 화장품 기업이며 그들의 제품들은 국내 필요도 충족시킨다.
해설 빈칸 앞뒤에 모두 완전한 절이 왔다. 관계대명사는 불완전한 절을 이끌지만, whose 뒤에는 완전한 절이 온다. 두 절을 이어주어야 하므로 인칭대명사 (D) their는 정답이 될 수 없다.

예제 27-1
정답 (B)
해석 포티스는 최근에 전국에 걸친 백화점에 있는 컴퓨터 매장 중 많은 곳을 보수했다.
해설 Step by Step 참고
어휘 recently 최근에 renovate 개조하다, 보수하다 throughout ~에 걸쳐

예제 27-2
정답 (A)
해석 안톤 씨는 본사로 재배치될 것으로 예상되는데, 그곳에서 그는 한 간부의 최근 사임으로 인해 공석으로 남겨진 관리직을 이어 받을 것이다.
해설 보기는 관계부사 (A) where, (B) when, 관계대명사 (C) that, (D) which로 되어 있는데 빈칸 뒤에 완전한 절이 오므로 관계부사 중에 답을 고른다. 선행사 headquarters는 장소이므로 이를 수식하기 적합한 관계부사는 where이다.
어휘 relocate 재배치하다 headquarters 본사 take over 이어 맡다 vacant 공석의 executive 간부진, 경영진

예제 27-3
정답 (B)
해석 쿠퐁 모바일의 영업 사원은 코너 호텔에서 개최되는 스마트폰 엑스포가 열리는 다음 토요일 오전 10시에 도착할 것이다.
해설 보기는 관계부사 (B) when, (C) where, 관계대명사 (A) which, (D) who로 되어 있는데 빈칸 뒤에 완전한 절이 오므로 관계부사 중에 답을 고른다. 선행사 10 A.M.은 시간이므로 이를 수식하기 적합한 관계부사는 when이다.

예제 28-1
정답 (B)
해석 조사 결과에 따르면 대부분의 소비자들은 편리함 때문에 웹사이트를 통해 물품을 구매하는 것을 더 선호한다.
해설 Step by Step 참고
어휘 survey 조사 indicate 나타내다 consumer 소비자 prefer 선호하다 convenience 편의

예제 28-2
정답 (B)
해석 IT 부서는 새 소프트웨어 시스템을 사용해서 당신이 어떻게 자료를 업로드하고 다운로드하는지 설명할 것이다.
해설 Step by Step 참고
어휘 explain 설명하다 material 자료

예제 28-3
정답 (A)
해석 벤투라 사는 젊은 세대가 좋아하고 관심있어 하는 것이 무엇인지 알아내기 위해 몇몇 조사를 시행했다.
해설 빈칸 뒤에는 likes와 interested in의 목적어가 빠진 불완전한 절이 왔으니 관계대명사 (A) what, (C) that를 답의 후보로 고려해야 한다. 빈칸 바로 앞에는 to부정사 to find out만 있고 선행사가 없으므로, 빈칸에는 선행사를 포함하는 관계대명사 what이 필요하다.
어휘 generation 세대 be interested in ~에 관심이 있다

예제 29-1
정답 (A)
해석 멜튼 사는 다음 회의에서 라틴 아메리카 시장으로 진출을 할 것인지 말 것인지에 대하여 결정할 것이다.
해설 Step by Step 참고
어휘 determine 결정하다 expand into ~로 진출하다, 확장하다

예제 29-2
정답 (D)
해석 토레스 씨는 이미지 크기를 늘리는 것이 가능한지 물었다.
해설 Step by Step 참고

예제 **29-3**
[정답] (C)
[해석] 고객들은 상점에서 물건을 찾아갈지 배달시킬지 고를 수 있다.
[해설] 빈칸 뒤에는 등위 접속사 or로 to부정사의 동사원형이 병렬 배치되어 있다. 보기 접속사 중 to부정사를 이끌 수 있으며 등위 접속사 or과 함께 whether A or B(A이든 B이든) 구문을 만드는 (C) whether가 정답이다.
[어휘] pick up 찾아가다 goods 물건, 상품

예제 **29-4**
[정답] (B)
[해석] 탈콤 사는 투자로부터 적정 수익을 얻을 수 있는지 평가해야 할 것이다.
[해설] 빈칸 뒤에는 주어 it, 동사 can get, 목적어 a fair return을 갖춘 완전한 절이 나왔으므로 관계대명사 (C)는 정답이 될 수 없다. 빈칸 앞 절에는 evaluate의 목적어가 빠져 있으므로 부사절 접속사 (D) though도 정답이 될 수 없다. evaluate의 목적어 역할을 하는 절을 이끌도록 명사절 접속사 (B) if를 고른다. (A) that도 명사절을 이끌 수 있지만 evaluate와 의미가 어울리지 않는다.
[어휘] evaluate 평가하다 fair 공정한, 적정한 return 수익 investment 투자

Quick Quiz
1. that 우리는 전단지에 적힌 정보가 잘못되었음을 설명하기 위해 애썼다. 2. that 나는 상황이 나아지고 있음을 확신한다. 3. opinion 그들은 세금이 더 낮아져야 한다는 의견을 갖는다. 4. likely 사람들이 공원 주변의 교통에 관해 불평할 확률이 크다. 5. that 그는 그의 사촌도 여기서 일한다는 것을 언급한 적이 없다. 6. notified 집주인은 우리가 창고 공간을 비워야 한다고 통지했다. 7. What 설상가상으로 톰은 집에서 쫓겨났다. 8. that 그들은 내 보험이 피해를 보상할 것이라고 나에게 확언했다.

실전 감각 익히기
1. (A) 2. (A) 3. (B) 4. (B) 5. (C) 6. (D) 7. (D) 8. (A) 9. (A)

1 [정답] (A)
[해석] 특별 미팅 동안 이사들은 본사를 뉴욕으로 이전할지 말지 결정할 것이다.
[해설] 전치사, 접속사, 부사를 구별하는 문제다. 빈칸 뒤의 or not과 어울리면서 to부정사를 이끄는 것은 명사절 접속사 (A) whether뿐이다.
[어휘] the board of directors 이사회 transfer 이전하다 headquarters 본사

2 [정답] (A)
[해석] 광고 업계에서 이미 명성이 확고하게 세워진 찰리 첸이 우리 회사에 합류했다.
[해설] 문장에는 is와 has joined 총 두 개 동사가 있으므로 빈칸에는 접속사가 필요함을 알 수 있다. 따라서 소유격 (C) theirs는 삭제. 빈칸 앞에 나온 선행사가 사람이므로 사물 선행사를 수식하는 (D) which도 삭제한다. 빈칸 뒤에는 완전한 절이 이어지므로 소유격 관계대명사 (A) whose가 정답이다.
[어휘] reputation 명성 firmly 단호히, 확고히 establish 설립하다, 수립하다

3 [정답] (B)
[해석] 인사부는 이번 분기 채용 기간에 들어온 이력서 검토를 시작할 것이다.
[해설] 관계대명사와 인칭대명사를 구별하는 문제다. 얼핏 주격 인칭대명사 (C) they가 답이라고 착각할 수 있다. 그러나 빈칸 앞에는 완전한 절, 빈칸 뒤에는 불완전한 절이 이어지는데 두 절을 이어주는 접속사가 없으므로 빈칸은 접속사 자리이다. 선행사 the resumes가 사물이니 사물을 수식하는 주격 관계대명사를 고른다.
[어휘] resume 이력서 quarter 분기 recruitment 채용

4 [정답] (B)
[해석] 새로운 편집 프로그램을 배우고 싶어하는 누구든 IT 부서의 데이비드 씨에게 연락할 수 있다.
[해설] 관계대명사와 부사절 접속사를 구별하는 문제다. 부사절 접속사는 완전한 문장을, 관계대명사는 불완전한 절을 이끈다. 빈칸 뒤에는 문장의 주어가 없는 불완전한 절이 오므로 관계대명사 (A) Who와 복합관계대명사 (B) Whoever를 정답 후보로 남긴다. 빈칸 앞에는 선행사가 없으므로 선행사를 포함하는 복합관계대명사 (B) Whoever가 정답이다. 참고로 whoever는 anyone who와 바꿔 쓸 수 있다.

5 [정답] (C)

정답과 해설

해석 조립 공정 라인의 근무자들이 올해 말까지 전일제로 계약되어져야 한다.

해설 진주어 that절이 뒤로 이동하고 그 자리에 가주어 it을 채워 넣은 It ~ that 가주어-진주어 구문이다. 토익에서는 It is important/sure/likely/possible/essential/imperative that 등의 표현으로 자주 출제된다. 참고로 imperative처럼 주장/요구/제안/의무를 나타내는 형용사 뒤에 이어지는 that절에는 동사원형이 나온다.

어휘 imperative 반드시 해야 하는 assembly 조립 full-time 상근의, 전일제의

6-9 메모

온천 코디네이터(책임자) 구함

바스의 더마 온천은 코디네이터 자리를 맡을 매우 의욕적인 사람을 구하고 있습니다. 저희는 시설에 방문하시는 각각의 모든 고객에게 질 높은 서비스와 특급 고객 서비스를 제공하는 것을 자랑스럽게 여깁니다.

예약 일정 조정과 금전 출납을 담당하는 업무 외에, 이 직책은 고객들과 온천의 기술자들을 도움으로써 온천의 일일 운영을 감독하는 것을 포함하고 있습니다. 이는 안내 데스크에서 근무하는 것과, 온천 제품들의 재고 관리를 돕는 것, 궁금해 하는 고객들에게 온천 제품의 정보를 제공하는 것을 포함하고 있습니다. 코디네이터는 언제든, 어디서나 필요할 때 도울 준비가 되어있어야 합니다.

자격을 갖춘 후보 여러분들은 이력서와 연봉 요구 조건을 therma@spabath.com로 이메일을 보내 주십시오. 언제 면접 가능한지 표시하는 것을 잊지 마세요.

어휘 take pride in ~을 자랑스럽게 여기다 beyond ~너머, ~이상 oversee 감독하다 curious 궁금해 하는

6 정답 (D)

해설 빈칸 앞 customer는 사람 선행사이니 이를 수식하기 적합한 관계대명사를 고른다.

7 정답 (D)

해석 (A) 필요성 (B) 후원 (C) 약속 (D) 직책

해설 업무에 관한 설명이 이어지므로 '직책'이라는 뜻의 명사가 빈칸에 들어가야 한다.

8 정답 (A)

해석 (A) 코디네이터는 언제든, 어디서나 필요할 때 도울 준비가 되어있어야 합니다.
(B) 우리는 100% 고객 만족 상태를 유지하기 위해 노력할 것입니다.
(C) 고객들은 당신이 제공하는 서비스에 기뻐할 것입니다.
(D) 이 스파 프로그램은 몸과 마음의 돌봄을 위해 고안되었습니다.

해설 온천 코디네이터 직무에 관한 설명이 이어지고 있으므로 어떤 책임을 맡게 되는지 설명하는 내용이 나오는 것이 자연스럽다.

9 정답 (A)

해설 '문장 동사의 개수 = 접속사 + 1' 공식을 활용한다. 이 문장에는 접속사 when이 하나 있고, 동사는 do not forget, are 두 개가 나왔으므로 더 이상 동사가 나올 수 없다. 빈칸 앞 절에 나온 forget의 목적어가 없으므로 to와 함께 to부정사를 만들어 목적어 역할을 할 동사원형을 고른다.

Actual Test

101. (A) **102.** (B) **103.** (D) **104.** (C) **105.** (A)
106. (D) **107.** (B) **108.** (D) **109.** (D) **110.** (D)
111. (C) **112.** (D) **113.** (B) **114.** (A) **115.** (C)
116. (A) **117.** (B) **118.** (A) **119.** (C) **120.** (B)
121. (A) **122.** (D) **123.** (C) **124.** (A) **125.** (D)
126. (D) **127.** (A) **128.** (B) **129.** (A) **130.** (C)
131. (B) **132.** (D) **133.** (B) **134.** (A) **135.** (B)
136. (B) **137.** (D) **138.** (C) **139.** (D) **140.** (B)
141. (A) **142.** (D) **143.** (B) **144.** (A) **145.** (D)
146. (C)

101 정답 (A)

해석 인천 비스트로 하우스는 데이먼 씨가 한국에서 5개의 매장을 관리할 책임이 있는 시니어 매니저로 승진하게 된 것을 발표하게 되어 기쁩니다.

해설 문장에 접속사 1개(관계대명사 which)가 있으니 총 동사 개수는 2개. 주절 동사 is, 관계사절 동사 is로 동사 자리는 모두 찼다. 빈칸 앞에 to와 함께 to부정사를 형성하여 절의 부사 역할을 할 수 있는 보기를 골라야 한다. 동사원형 (A) announce가 정답. 'be pleased to 동사원형(~해서 기쁘다)' 구문을 안다면 더 쉽게 풀 수 있는 문제.

어휘 oversee 감독하다 branch 지점

102 정답 (B)
해석 이번 훈련 워크숍은 맥스 연구소의 선임 연구원인 한 박사를 비롯한 컴퓨터 공학 분야의 전문가들이 참가할 것이다.
해설 동사 어휘 문제이다. 수동태 구문이기에 주어와 어울리는 동사를 찾는 데에 주력한다. 동사를 능동태로 생각했을 때, 주어가 목적어 역할과 어울리는 동사를 고르면 된다. 의미상 "참가하다"와 어울리므로 정답은 (B). participate 역시 같은 뜻을 가지고 있지만, be participated 뒤에 나오는 by는 참석 '수단'을 알려주므로 적절하지 않다.
어휘 expert 전문가 institute 연구소, 기관

103 정답 (D)
해석 급여 지급 부서는 직접적인 입금을 위해 모든 사원들의 계좌 번호가 확인될 것을 확인을 요구했다.
해설 동사 어휘 문제. '주장/요구/제안/의무 동사 + that + 주어 + 동사원형'구문이다. 주장 동사는 명령의 의미를 지니므로, that절에 should가 생략된 형태라고 생각하면 쉽다. 따라서 정답은 (D) required. encourage, invite, instruct, advise 등도 주장 동사로 암기해 둔다.

104 정답 (C)
해석 많은 애널리스트들은 다음 분기의 수익을 위한 수정된 마케팅 계획을 제안했다.
해설 빈칸 뒤에는 명사구 marketing plans가 나왔다. 따라서 빈칸에는 형용사가 들어가야 한다. 보기 중 일반 형용사는 없고 형용사 역할을 할 수 있는 과거분사 (C) revised가 있다.
어휘 analyst 분석가 propose 제안하다 revenue 수익

105 정답 (A)
해석 하자미 씨는 직속 상관과 회의 일정을 잡기 전에 지출 경향 보고서를 끝내야 한다.
해설 before 앞에는 완전한 절이 오고, 뒤에는 주어가 없이 동사 schedules와 목적어 a meeting이 왔다. 따라서 빈칸은 주어 자리. 주어 자리에 올 수 있는 것은 주격 인칭대명사 (A) she와 소유대명사 (C) hers가 있는데 schedule(일정을 잡다)의 주체로는 사람 명사가 더 적합하다.
어휘 spending 지출 trend 추세 immediate 직접적인 supervisor 상관

106 정답 (D)
해석 보수된 기숙사를 위한 새 책상과 다른 가구가 일요일에 배달될 것이다.
해설 보기가 전치사로만 이루어져 있으니 빈칸 뒤 명사와 어울리는 것을 고르면 된다. 요일, 날짜와 어울리는 시간 전치사는 (D) on이다.
어휘 furniture 가구 dormitory 기숙사

107 정답 (B)
해석 뉴욕의 토르 비스트로에서 5년 동안 일한 후에 캔튼 잭스 씨는 자신만의 사업체를 열기 위해 고향으로 돌아왔다.
해설 해석상 빈칸 뒤에 '~이후에'라는 뜻이 어울리므로 (B) After를 고른다. 주절과 종속절의 주어가 같을 때는 종속절의 주어를 생략하고 능동태 동사는 -ing, 수동태 동사는 -ed로 바꿔 축약 구문을 만들 수 있다.

108 정답 (D)
해석 3개월 동안의 협상 끝에 그린 버드의 설립자와 주주들은 마침내 중국 시장에 진출하기로 합의했다.
해설 부사 어휘 문제이다. After negotiating for 3 months(3 달의 협상 후에)에서 단서를 얻어 '마침내, 드디어'라는 뜻의 부사가 가장 잘 어울림을 알 수 있다. finally(마침내, 드디어)는 'after + 기간/노력'과 어울려서 '긴 시간 끝에 결국'이라는 의미로 자주 출제된다.
어휘 stockholder 주주 expand into ~로 진출하다, 확장하다

109 정답 (D)
해석 당신의 지난주에 열린 겨울 음악 축제 참여 덕에 우리는 가장 높은 참석자 수 기록을 세웠습니다.
해설 빈칸 앞 소유격이 나왔고, 빈칸 뒤 전치사 in으로 막혔다. 소유격, 관사 끝자리는 명사 자리이다.
어휘 thanks to ~ 덕택에 festival 축제 attendance 출석, 참석

110 정답 (D)
해석 오늘 발표된 공지에 따르면, 리치랜드 백화점이 정전으로 인해 폐쇄될 것이다.
해설 빈칸 뒤에는 명사구만 있기에 전치사 (B) notwithstanding과 (D) due to 중에서 정답을 고른다. 정전에도 불구하고 문을 닫았다는 것보다 정전 때문에 문을 닫았다는 해석이 더 자연스러우므로 (D) due to가 정답이다.
어휘 according to ~에 따르면 release 풀어주다, 내보내다 power outage 정전

111 정답 (C)
해석 기대 판매 목표를 초과한 마르코 전자기기의 관리자들은 곧 인센티브와 특별한 혜택을 받게 될 것이다.
해설 시제 부사 어휘 문제이다. 미래 시제와 어울리는 (C) promptly

(곧, 곧바로)를 답으로 고른다. (A) previously는 과거 시제와 어울리는 부사이다.

어휘 exceed 초과하다 expectation 기대, 예상 benefit 이익, 혜택

112 정답 (B)

해석 단기 계약서 조항 하에, 사원들은 6월 수습 기간 후에 유급 휴가 자격이 주어질 것이다.

해설 빈칸 앞에는 관사 the가 나오고 빈칸 뒤는 전치사 of로 막혔다. 관사 끝자리는 명사 자리이다. 보기에서 명사는 (A) condition, (B) conditions 두 개이다. condition이 복수로 쓰이면 '조항'이라는 뜻인데, '조건'과 '조항' 중 contract(계약)와 더 잘 어울리는 것은 '조항'이다.

어휘 term 기간 be eligible for ~할 자격이 있다 paid vacation 유급 휴가 probation 수습

113 정답 (B)

해석 만약 직원들이 기술 발표에 참여할 수 없다면, 첨부된 일정표에 명시된 대체 일자를 선택해 주시기 바랍니다.

해설 접속사 if가 있으니 문장 동사로는 2개가 올 수 있는데 이미 are, choose가 차지하고 있다. 그리고 빈칸 앞에는 이미 명사가 나와 있으니 빈칸에 다시 명사가 나올 수도 없다. 남은 보기는 과거분사 (B) indicated와 현재분사 (C) indicating이다. 빈칸 뒤가 목적어 없이 막혀 있고, 의미상 앞에 있는 명사 an alternate date(대체 일자)를 '명시되어진'이라는 수동 의미로 수식해주는 것이 더 어울리므로 과거분사 (B) indicated를 고른다.

어휘 attend 참석하다 alternate 대체의

114 정답 (A)

해석 뛰어난 평가를 받은 사람은 추가 5일의 유급 휴가로 포상받을 것이다.

해설 관계대명사와 인칭대명사를 구별하는 문제이다. 빈칸 앞에는 those가, 뒤에는 주어가 없는 절이 이어지고 있으므로, 빈칸에는 those를 수식하는 관계대명사가 필요하다. 이 문장에서 those는 '사람들'이라는 뜻으로 쓰였으므로 사람 선행사를 수식하는 관계대명사 (A) who를 고른다.

어휘 outstanding 뛰어난 reward 보상하다 leave 휴가

115 정답 (C)

해석 하셀 씨의 부재 동안, 새로운 부지에 관한 모든 질문은 키튼 씨에게 직접 보내주시기 바랍니다.

해설 빈칸이 속한 절은 명령문이므로 주어가 생략되었고, 동사 forward, 목적어 all questions를 갖춘 완전한 절이다. 완전한 절의 끝자리는 부사 자리이다.

어휘 forward 전달하다, 보내다 regarding ~에 관한 property 부동산

116 정답 (A)

해석 자문가는 처음에 이 투자에 관한 우려를 표시했음에도 불구하고, 나중에는 우리 제안에 동의했다.

해설 부사 어휘 문제이다. 부사절 접속사 even though(그럼에도 불구하고)는 주절과 대조되는 내용, 다른 내용을 의미하기에 부사절에 있는 부사 originally(처음에, 초기에)를 단서로 이와 반대되는 뜻의 부사를 고르면 된다.

어휘 consultant 자문가 originally 원래, 처음에 concern 우려 suggestion 제안 later 나중에

117 정답 (D)

해석 만약 기존 구독자가 프리미엄 계약으로 업그레이드하면, 우리는 그들에게 무료 배송 뿐 아니라 10% 할인 쿠폰을 증정할 것이다.

해설 전치사, 접속사, 부사 자리를 구별하는 문제이다. 빈칸 뒤에는 명사만 있으므로 부사절 접속사 (C) while과 접속 부사 (B) furthermore는 삭제한다. 전치사 (A) because of(~때문에)와 상관접속사 (D) as well as(~뿐 아니라) 중 해석상 자연스러운 것을 고른다. 할인 쿠폰과 무료 배송은 성질이 비슷한 것이므로 (D) as well as가 해석상 어울린다.

어휘 existing 기존 subscriber 구독자

118 정답 (A)

해석 존 월리스가 진행하는 트래블 투데이에서는 월요일 오후 7시마다 관광 업계의 최근 추세를 분석한다.

해설 보기에 준동사 (C)가 있으므로 먼저 동사 자리인지 준동사 자리인지 확인해본다. 문장에 동사가 없으므로 빈칸은 동사 자리이다. 주어 Travel Today는 프로그램 이름으로 단수 명사이다. 따라서 복수 동사 (B) analyze는 정답이 될 수 없다. on Mondays(매주 월요일마다)는 정기적으로 일어나는 반복적인 사건을 나타내는 표현이기에 현재 시제 동사가 어울린다. 그 외에도 현재 시제와 어울리는 부사는 periodically(정기적으로), routinely(일상적으로)가 있다.

어휘 host 주최하다, 진행하다 recent 최근의 industry 산업

119 정답 (C)

해석 텍사스 분점에 부속 건물을 추가하려는 쿠르티에 씨의 제안서는 이사회에 의해 승인되었다.

해설 앞에 있는 be동사와 함께 수동태를 만드는 과거분사 어휘를 고

르는 문제이다. 제안서가 '승인된다'는 의미가 되어야 자연스러우므로 (C) approved가 정답이다.
어휘 wing 부속 건물 branch 분점, 지점

120 정답 (B)
해석 동료에게 코튼 씨가 언제나 정중하고 사려 깊기 때문에, 그녀는 회사에서 좋게 평판이 나 있다.
해설 빈칸 앞에 등위 접속사 and가 나와 있으므로 빈칸 앞뒤에는 같은 품사가 나와야 한다. and 앞에 형용사가 나와 있으므로 빈칸에도 형용사를 고른다. 보기 중 과거분사 (D)도 형용사로 쓰일 수 있지만, 기본 형용사 (B)가 우선적 정답이며, '고려되는'은 문맥에 어울리지 않는 의미이다.
어휘 polite 정중한 reputed 평판이 나 있는 considerate 사려 깊은

121 정답 (A)
해석 최근 성공 때문에 튜더 컨텐츠는 전국에 걸쳐 열 개의 새 분점을 추가할 계획이다.
해설 빈칸 뒤 the nation과 어울리는 전치사를 고르는 문제이다. the nation(국가)는 장소이므로 장소 전치사 (A) throughout(내내, ~에 걸쳐서)을 고른다.
어휘 on account of ~ 때문에 recent 최근의 nation 국가, 전국

122 정답 (D)
해석 행정부 관리자는 직원들이 더 효율적으로 일할 수 있도록 도와야 한다.
해설 동사 어휘 문제이다. 목적어 employees 뒤에 목적격 보어로 온 동사원형 work가 단서이다. 보기 중 목적격 보어로 동사원형을 취할 수 있는 것은 준사역동사 (D) help이다.
어휘 administrative 관리의, 행정의 efficiently 효율적으로

123 정답 (C)
해석 블루 어패럴의 디자이너들은 고객들의 필요를 충족하기 위하여 광고부와 종종 협력하여 일한다.
해설 빈칸 앞에 나온 work는 목적어, 부사를 취하지 않는 완전 자동사이다. 빈칸 앞이 주어와 동사로 이미 완전하니 빈칸은 부사 자리이다.
어휘 often 종종 in order to ~하기 위하여

124 정답 (A)
해석 조사 결과를 받자마자 레빈슨 씨는 경영진에게 보고할 것이다.
해설 전치사, 접속사, 부사 자리를 구별하는 문제이다. 빈칸 앞뒤로 완벽한 절이 왔으므로 부사절 접속사 (A) as soon as(~하자마자)가 정답이다.
어휘 report 보고하다 executive 경영진

125 정답 (D)
해석 건축 컨퍼런스의 참석자 수는 처음에 예상했던 것보다 훨씬 더 높았다.
해설 빈칸은 문장의 주어 역할을 할 명사 자리이다. 보기 중 사람 명사 (B) Attendant(참석자), 사물 명사 (D) Attendance(참석자 수)를 답의 후보로 고려한다. 사람 단수 명사는 관사나 소유격 없이 단독으로 사용할 수 없기에 사물 명사 (D) Attendance를 답으로 고른다.
어휘 architect 건축사 anticipate 예상하다

126 정답 (D)
해석 관리자는 제조 공장의 문제를 인지하고 분석하는 책임을 맡는다.
해설 동명사 어휘 문제이다. 관리자 담당 업무로 어울리는 것은 문제를 '인지하는'것이므로 (D) recognizing을 고른다.
어휘 be in charge of ~의 책임을 맡다 manufacturing 제조의

127 정답 (A)
해석 새롭게 출시된 에스프레소 기계는 커피 애호가와 바리스타 사이에서 엄청나게 인기 있다.
해설 과거분사 어휘 문제이다. 신제품의 성공에 관한 내용이므로 '출시되어진'이라는 의미의 (A) released를 고른다.
어휘 tremendously 엄청나게 enthusiast 팬, 열광적인 지지자

128 정답 (B)
해석 출장 비용에 대한 환급을 받기 원하는 사원들은 원본 영수증을 첨부한 경비 양식을 회계부에 제출해야 한다.
해설 명사 어휘 문제이다. expense(비용), receipt(영수증) 등의 어휘를 단서로 (D) reimbursement(환급)를 고를 수 있다.
어휘 business travel 출장 accompany 동반하다

129 정답 (A)
해석 각 부서장은 재배치 이전에 새 사무실 가구를 살지 말지 결정할 것이다.
해설 명사절 접속사와 부사절 접속사가 보기에 섞여 있다. 빈칸 앞에 determine의 목적어가 없으므로, 빈칸 뒤 절은 determine의 목적어 역할을 할 수 있는 명사절이어야 한다. 명사절 접속사 중 to부정사를 이끌 수 있는 것은 (A) whether뿐이다.
어휘 purchase 구매하다 relocation 이전, 재배치

정답과 해설

130 정답 (C)
해석 저희의 새로운 모바일 게임과 함께한 당신의 경험이 얼마나 즐거웠는지 저희가 알도록 첨부된 설문지를 완료해주세요.
해설 형용사 어휘 문제이다. 'how + 형용사/부사'는 '얼마나 ~'라는 뜻이다. 모바일 게임에 관한 설문 조사와 어울리는 것은 (C) enjoyable(즐거운)이다.
어휘 complete 완료하다 questionnaire 설문지

131-134 이메일
발신: 빌 탱 〈billtang@fineelectronics.com〉
수신: 마이클 토마스 〈tomas@gomail.com〉
날짜: 4월 5일
제목: 지원

저희 회사 채용 공고에 관심을 가져 주셔서 감사합니다. 당신의 이력서와 지원서를 검토한 끝에, 우리는 당신의 기술과 경험이 우리 홍보부에 이상적으로 들어맞을 것이라고 결론을 내렸습니다.
특히, 추천서에 명시된 정보에 강한 인상을 받았습니다. 당신의 예전 동료들은 당신을 칭찬하고, 지난 인사 고과 또한 매우 우수하더군요. 정규 계약을 논하기 전에 당신은 우리 웹사이트를 방문하셔서 면접 시간을 선택해야 함을 확인해주시기 바랍니다.

빌 탱
파인 전자

어휘 resume 이력서 conclude 결론을 내리다 think highly of ~을 높이 생각하다 note 주의하다, 주목하다

131 정답 (B)
해설 빈칸은 부사절 축약 구문의 일부이다. 부사절 주어와 주절 주어가 같을 때 주어를 생략한 후, 능동태 동사는 -ing로, 수동태 동사는 -ed로 바꿔 축약 구문을 만든다. 생략된 주어 we가 review(검토하다)의 주체이므로 현재분사 (B) reviewing을 고른다.

132 정답 (A)
해석 (A) 특히, 추천서에 명시된 정보에 강한 인상을 받았습니다.
(B) 상품을 구매해 주셔서 감사합니다.
(C) 계약서 한 부를 즉시 보내 드릴 수 있습니다.
(D) 우리의 직업 기술서를 참고해 주십시오.
해설 서류 통과를 알리며, 능력을 칭찬하는 내용의 흐름에 어울리는 (A)가 정답이다.

133 정답 (B)
해설 빈칸이 속한 절에는 동사가 없으니 빈칸은 동사 자리이다. 주절에서는 '조동사 should + 동사원형'으로 미래에 해야 할 일을 말하고 있어서 빈칸에도 시제 일치를 위해 미래 시제 동사를 골라야 한다고 실수하기 쉽다. 그러나 빈칸 앞에는 시간 접속사 before가 나왔으니 시간/조건 부사절에서는 현재 시제로 미래를 대신한다는 사실을 잘 숙지하여 현재 시제 (B) are discussed를 골라야 한다.

134 정답 (A)
해설 동사 어휘 문제이다. 면접 시간을 정하는 상황에 가장 잘 어울리는 것은 (A) select(선택하다)이다.

135-138 정보문
All Right 스포츠 박람회
최첨단 운동기구를 찾고 계십니까? 경험이 많은 트레이너와 함께하는 체력 단련 프로그램을 찾고 계시나요? ARE 박람회 부스를 방문하세요. 저희가 여러분의 모든 요구들을 충족시켜 드립니다.
이번 년도에는, 박람회가 인터내셔널 호텔 주 컨퍼런스 룸에서 6월 21일부터 24일까지 열립니다. 50개 이상의 영양 식품 회사들과 200명 정도의 유명 운동선수들이 참여할 계획입니다.
엑스포에 관한 첨부 책자를 확인해보세요. 그것은 가격 정보, 행사 일정, 그리고 약도를 포함합니다.
질문이 있으시면 651-350-8669로 연락주세요. 감사합니다.
어휘 look for ~을 찾다 state-of-the-art 최첨단의, 최신식의 hold 열다, 개최하다 nutrition 영양 athlete 운동선수 exposition 전시

135 정답 (B)
해설 목적어 needs(필요, 요구)와 어울리는 것은 (B) meet(충족시키다)이다. 유의어로는 fulfill이 있다.

136 정답 (B)
해설 숫자 앞에 쓰이는 어휘를 고르는 문제이다. 숫자 앞에 over, more than이 쓰이면 '~이상'이라는 뜻이다.

137 정답 (D)
해설 빈칸 앞 명사와 빈칸 뒤 명사를 이어줄 수 있는 것은 전치사 (D) concerning(~에 관한)이다. 언뜻 품사 문제처럼 보이지만 전치사 concerning의 뜻을 알고 있는지 확인하는 문제이다. 유의어로는 regarding, as to 등이 있다.

138 정답 (C)
해설 (A) 이 행사는 차이나타운에서 열렸습니다.
(B) 기준은 작년에 사용된 것과 똑같습니다.
(C) 그것은 가격 정보, 행사 일정, 그리고 약도를 포함합니다.
(D) 부디 오셔서 오프라인 매장을 방문해주세요.

해설 빈칸 앞에 나온 첨부 책자에 관련된 내용이 이어지는 것이 자연스럽다.

139-142 이메일

수신: 산토스 머시 〈santos@keymedia.com〉
발신: 페르난도 데이비슨 〈customer@tallandbigapparel.com〉
날짜: 7월 1일 오전 11시45분
제목: 주문번호 3948

소중한 고객님께

우선, 귀중한 고객으로 최근 구매에 감사드립니다. 2010년부터 저희를 이용해 주신 점 감사하게 여기고 있습니다. 그러나 불행하게도, 이번에 주문하신 갈색 가죽 재킷(주문번호 3948)은 일시 품절 상태에 있습니다.

그러나 검은색으로 같은 스타일 재킷은 재고가 있습니다. 만약 주문을 변경하고자 하시면, 20프로 할인과 함께 무료 배송을 해드리겠습니다. 또한, 20달러 상품권과 최신 카탈로그도 보내드리도록 하겠습니다.

톨앤빅을 대표하여 고객님의 불편에 사과드립니다. 만약 위의 내용 관심 있으시다면, 저희에게 전화 혹은 이메일 주시기 바랍니다.

가까운 미래에 고객님으로부터 다시 듣기를 고대합니다.

진심을 다해.

페르난도 데이비슨

톨 앤 빅 고객 관리 부서

어휘 order 주문 valued 귀중한 appreciate 감사하다 unfortunately 불행하게도 out of stock 재고가 없는 shipping 배송 certificate 상품권 inconvenience 불편

139 정답 (D)

해설 명사 어휘 문제이다. 이 글은 단골에게 보내는 사과 편지이니 편지 수신자에게 감사할 만한 것은 (D) patronage(후원, 애용)이다.

140 정답 (B)

해설 빈칸은 완전한 문장 사이에 들어 있다. 동사, 부사, 형용사, 명사 중 완전한 문장에 들어갈 수 있는 것은 부사이다.

141 정답 (A)

해석 (A) 그러나 검은색으로 같은 스타일 재킷은 재고가 있습니다.
(B) 그러므로, 당신은 이 쿠폰을 3월 말까지 쓰실 수 있습니다.
(C) 우리 새 상점이 곧 연다는 것을 알아주세요.
(D) 최고경영자는 광고비 인상을 공지했다.

해설 앞 문장에서는 품절 상태를 설명하고 있으므로 흐름상 가장 적절한 것은 다른 제품을 대신 구매하도록 유도하는 (A)이다.

142 정답 (D)

해설 빈칸 뒤에는 명사만 있기에, 전치사 중에서 정답을 골라야 한다. 문맥상 회사를 대표하여 사과한다는 내용이 되어야 어울리므로 (D) On behalf of(~을 대신하여, ~을 대표하여)를 고른다.

143-146 기사

인터 오피스 뉴스레터

인사부에서는 현재 회계부 부장인 율리스 씨가 부사장으로 승진하게 될 것이라고 어제 발표했습니다. 4월 1일 부로 그녀의 새로운 역할이 시작되며 그 업무에는 새로운 터미널 건설 감독과 모든 마케팅 캠페인 총괄이 포함됩니다.

율리스 씨는 회계부와 마케팅부 부장으로 10년 이상의 성공적인 경력이 있습니다.

게다가 회계부에서 회계 장부 담당자로 회사 생활을 시작한 이후로부터 뛰어난 업무 평가로 인해 많은 칭찬을 받아왔습니다.

내일 2층 구내식당에서 축하 파티가 열릴 예정입니다. 참여하실 사원들은 저의 비서인 앤 헤더 씨(내선번호 554번)에게 연락주시기 바랍니다.

어휘 personnel 직원, 인사과 current 현재의 head 부서장 vice 부 compliment 칭찬 bookkeeper 회계 장부 담당자 celebration 축하(연)

143 정답 (B)

해설 동사 시제 문제이다. Part 6에서는 Part 5와 달리 문맥으로 시제를 파악해야 하는 경우가 있다. 이어지는 내용을 보면 아직 새로운 업무가 시작하지 않았으므로 미래 시제가 어울린다. 또한 빈칸 뒤에 목적어 없이 전치사로 막혀 있기에 수동태 동사가 와야 한다.

144 정답 (A)

해설 전치사 어휘 문제이다. 빈칸 뒤 시점과 어울리며 미래 시제와 어울리는 것은 (A) As of(~부로)이다. 유의어로는 starting (on), beginning이 있다.

145 정답 (D)

해설 문맥상 어울리는 접속 부사를 고르는 문제이다. 앞 문장에서는 율리스 씨에 관한 칭찬이 나왔고, 빈칸 뒤에는 율리스 씨에 대해 긍정적인 내용이 추가되고 있으므로 (D) In addition(게다가)를 고른다.

146 정답 (C)

해석 (A) 가까운 미래에 당신의 팀과 일하는 것을 고대합니다.
(B) 그 기간에, 주차 허가증을 가지고 있는 사람만 그것을 사용할 수 있습니다.

정답과 해설

(C) 참여하실 사원들은 저의 비서인 앤 헤더 씨(내선번호 554번)에게 연락주시기 바랍니다.
(D) 그곳에 100시간까지 보관된다.

해설 축하 행사를 안내하는 내용 뒤에는 참석과 관련된 내용이 이어지는 것이 자연스럽다.

MEMO

MEMO